KB089803

네트워크 마케팅
유통의 판을 바꾸다

머리말

태고 때부터 유통은 사람의 욕구에 의해 시작되었습니다. 가장 최초의 유통은 물물교환으로 각자가 갖고 있던 물건을 서로가 원하는 물건으로 맞바꾸는 방식이었습니다. 그런데 이런 물물교환은 장소와 거리의 제약이 있었습니다. 그러자 이런 제약을 해결하기 위해 일정한 유통장소가 필요했는데 그것이 바로 시장입니다. 사람들은 시장에 모여들었고 이곳에서 많은 제품들이 유통되었습니다. 이때 유통업자의 시조인 보부상이 등장합니다.

보부상은 생산지에서 물건을 가져다 소비자들에게 팔아 이윤을 남겼습니다. 그런데 여전히 한정된 거리와 시간 소요가 많았습니다. 그래서 그 이후로 지역과 교통 여건에 따라 유통이 나누어지기 시작했으며 결국 생산자, 총판, 도매, 소매로 나누어지게 되었습니다. 이것이 지금 유통의 기원입니다.

장소와 거리의 한계를 극복하기 위해 생겨난 여러 유통단계는 초창기에는 사람들에게 많은 혜택을 주었습니다. 생산자는 많이 팔아서 좋았고, 소비자는 여러 유통단계를 통해 먼 곳의 제품까지도 살 수 있어서 편리했습니다. 그러나 대량생산을 통해 공급이 많아지고 유통단계들이 많아지면서 유통비로 인해 제품 금액이 비싸지게 되었습니다.

장소와 거리에 따라 우후죽순 생겨난 중간 유통은 시대적 상황과 맞물려 황금기를 맞이하게 되었고 유통이 돈이 된다는 소문이 나자 너도나도 유통에 뛰어들면서 20세기까지는 유통 전성시대가 되었습니다.

그러나 그 유통단계에는 불편한 진실이 있었으니 바로 유통마진의 증가였습니다. 즉 늘어나는 중간 유통으로 인해 제품가격이 상승하고 소비자는 더 비싼 금액을 지불해야 했습니다. 고로 중간 유통업체만 배를 불리는 꼴이 된 것입니다.

이런 20세기 유통 구조는 21세기 교통의 발달과 컴퓨터의 등장으로 힘을 잃어가기 시작했습니다. 교통의 발달은 세상을 일일생활권으로 만들면서 유통단계를 줄였고, 컴퓨터의 보급과 인터넷의 발달은 소비자를 똑똑하게 만들었습니다. 이로 인해 총판, 도매, 소매같이 중간 유통이 중심이던 시대가 끝이 나고 드디어 생산자와 소비자가 중심이 되는 시대가 열렸습니다.

21세기가 시작하면서 유통의 중심에 대형 할인마트, TV 홈쇼핑, 인터넷 쇼핑이 등장했습니다. 이들은 모두 여러 단계의 유통을 배제한 직거래 유통이었으며 이런 유통의 등장은 곧 소비자와 생산자의 욕구를 반영한 결과였습니다. 그런데 이때 또 하나의 유통이 탄생했으니 그것이 바로 네트워크 마케팅입니다.

질 좋은 제품을 더 싸게, 소비가 곧 소득이 되는 네트워크 마케팅은 당시 많은 경제 전문가와 미래학자들이 신유통으로 소개했으며 유통의 판을 바꿀 미래의 트렌드로 꼽았습니다.

그런데 네트워크 마케팅에 대해서 많은 사람이 어떻게 생각하고 있는지요. 우리나라에 네트워크 마케팅이 들어온 지 언 30년이 넘어가지만, 아직도 많은 사람이 네트워크 마케팅을 다단계, 혹은 피라미드라고 오해하고 있습니다.

그래서 여러분이 이런 고정관념을 버리고 진실을 바로 볼 수 있도록 이 책을 준비했습니다.

분명히 네트워크 마케팅은 신유통이며 정직하고 합리적인 유통 방식입니다. 그것뿐만 아니라 등장 이후 지금까지 짧은 역사에도 사람들에게 경제적 자유를 주고 있으며 인생을 바꿀 기회를 제공하고 있습니다. 얼마나 멋진 일입니까?

이 책은 여러분께 네트워크 마케팅의 본질과 가치, 그리고 혜택에 대해서 이해하기 쉽게 알려드립니다. 여러분이 이 책을 통해 네트워크 마케팅의 진실을 본다면 아마 평생 직업으로 선택할 가능성이 클 것입니다.

유통의 판을 바꿀 네트워크 마케팅, 인생의 판을 바꿀 네트워크 마케팅을 이 책을 통해 정확히 확인하실 수 있길 기대합니다.

Contents

01 네트워크 마케팅 유통의 판을 바꾸다
네트워크 마케팅은 시대적 트렌드

01. 빛의 속도로 시대가 변하고 있다.　　　　　　10

02. 1인 기업 시대에 맞는 평생 직업을 준비하자.　17

03. 유통의 변화에 기회가 있다.　　　　　　　　20

04. 신유통에 주목하자.　　　　　　　　　　　　23

02 네트워크 마케팅 유통의 판을 바꾸다
네트워크 마케팅의 이해

01. 네트워크 마케팅의 개념　　　　　　　　　　28

02. 네트워크 마케팅과 피라미드의 차이　　　　　32

03. 시대 변화와 네트워크 마케팅　　　　　　　　35

04. 네트워크 마케팅의 장점　　　　　　　　　　37

05. 직업으로서의 네트워크 마케팅　　　　　　　44

06. 네트워크 마케팅의 기대 효과　　　　　　　　46

03
네트워크 마케팅 유통의 판을 바꾸다
네트워크 마케팅이 돈이 되는 이유

01. 어떤 도구를 선택할 것인가   50

02. 왜 우리의 지갑은 늘 비어 있는가   53

03. 삶의 다섯 가지 유형   58

04
네트워크 마케팅 유통의 판을 바꾸다
네트워크 마케팅의 보상과 가치

01. 네트워크 마케팅 보상의 이해   63

02. 네트워크 마케팅 보상의 가치   70

05
네트워크 마케팅 유통의 판을 바꾸다
네트워크 마케팅 보상 실전

01. 네트워크를 이용한 마케팅   75

02. 일반 캐시백과 네트워크 마케팅 캐시백   80

03. 프랜차이즈와 네트워크 마케팅 창업의 차이   83

04. 임대 소득과 네트워크 마케팅 사업의 소득 비교   90

01 네트워크 마케팅은 시대적 트렌드

01. 빛의 속도로 시대가 변하고 있다.

21세기에 들어 과거와 비교할 수 없을 만큼 세상은 빠르게 변하는 것 같습니다. 10년에 한 번 바뀐다던 강산이 지금은 하루가 다르게 변화하고 있으니까요. 이런 빠른 변화의 중심에는 인공지능과 로봇, 사물인터넷(IoT)이 있습니다. 이들은 4차 산업혁명을 탄생시킨 주역으로 새로운 세상을 과감히 열고 있지만 너무 빠른 변화에 두려운 것도 사실입니다.

4차 산업혁명이란 인공지능(AI), 사물인터넷(IoT), 로봇 기술, 드론, 자율주행차, 가상현실(VR) 등이 주도하는 차세대 산업혁명을 말합니다. 이 용어는 2016년 6월 스위스에서 열린 다보스 포럼(Davos Forum)에서 포럼의 의장이었던 클라우스 슈밥

(Klaus Schwab)이 처음으로 사용하면서 이슈화되었는데 당시 슈밥 의장은 "이전의 1, 2, 3차 산업혁명이 전 세계적 환경을 혁명적으로 바꿔 놓은 것처럼 4차 산업혁명이 전 세계 질서를 새롭게 만드는 중요한 요인이 될 것"이라고 밝힌 바 있습니다.

인공지능과 로봇은 4차 산업혁명 시대의 대표적인 상징물입니다. 인공지능을 탑재한 로봇이 우리 사회와 산업 전반에 걸쳐 지대한 영향을 끼치고 있으며, 미국의 월스트리트에서는 아주 복잡한 알고리즘 프로그램이 펀드매니저의 일을 대신하고 있습니다. 이처럼 인공지능과 로봇은 우리 생활 곳곳을 송두리째 변화시키고 있습니다.

클릭 한 번으로 눈앞에 새로운 세상이 펼쳐지고 SF 영화 속 장면이 곧 현실이 되는 4차 산업혁명 시대는 이미 우리에게 엄청난 혜택을 안겨주고 있습니다. 그러면 대표적인 혜택을 몇 가지만 살펴봅시다.

첫째, 세상은 하나, 그것을 가능하게 만든 메타버스 세계입니다. 메타버스는 아바타(Avatar)를 통해 실제 현실과 같은 사회, 경제, 교육, 문화, 과학 기술 활동을 할 수 있는 3차원 공간 플랫폼으로 누구나 경험할 수 있는 가상현실 공간입니다. 따라서 가상현실에서 누구나 자유롭게 소통하며, 나라와 국경의 개념이 무너지고 그룹과 단체의 개념이 더 중요해지고 있습니다. 시간과 공간을 초월한 인맥구축과 정보력이 돈보다 더 큰 자산이 됩니다.

둘째, 생활이 더욱 편리해지고 나에게 맞는 정보를 빠르게 습득할 수 있는 개인 맞춤형 시스템입니다. 스마트 홈 기술은 내가 어디에 있든 집의 상황을 파악해 마음대로 컨트롤하게 해줍니다. 또 스마트 매장은 직원이 없어도 판매와 서비스를 알아서 척척 해냅니다. 나아가 나만의 가상 도서관, 학습장, 가상 병원 등이 삶을 더욱 풍요롭게 해줍니다. 특히 거동이 불편한 장애인에게 이런 환경은 삶의 질을 더욱 높여주고 있습니다.

셋째, 삶이 더욱 건강하고 풍요로워집니다. 과학 기술과 함께 의료 기술이 발달해 사람들의 기대 수명이 늘어나고 질병을 미리 예방하며 사건 및 사고를 미연에 방지하는 살기 좋은 세상이 실현됩니다.

이 외에도 4차 산업혁명 시대는 사람들이 상상하지 못했던 큰 혜택을 제공합니다. 그러나 빛이 있으면 어둠도 있는 법, 우리는 이 어둠에 특히 주목해야 합니다. 그 이유는 4차 산업혁명 시대는 상상 이상의 어둠이 존재하며 단순히 말로 끝나는 것이 아니라 준비하지 않는다면 누구나 생사의 갈림길에 서게 될 수도 있기 때문입니다. 여기서 중대한 몇 가지를 알아보겠습니다.

① 로봇이 사람을 대신한다.

로봇은 우리의 생활을 편리하게 해주지만 그만큼 사람이 할 수 있는 일을 빼앗기도 합니다. 과거에 존재하던 버스 안내양이 자동문의 출현으로 추억 속으로 사라졌으며, 요즘 고속도로의 하이패스와 콜센터 자동 응답 시스템, 마트의 자동 계산기는 더 많은 사람을 실직자로 내몰고 있습니다. 그러나 이것은 시작에 불과합니다.

UN에서 발표한 국제연합 미래 보고서에는 15년 후의 전망이 나오는데, 그 내용이 자못 심각합니다. 안타깝게도 2030년까지 20억 개의 일자리가 소멸하고 현존하는 일자리의 80%가 사라질 것이라는 전망입니다. 구체적인 내용을 보면 그 보고서는 운전기사, 보험설계사, 공장노동자, 펀드매니저, 약사, 변호사, 기자를 사라질 직업으로 분류했습니다. 지금의 관점에서

'설마 그러겠어?' 하는 직업들이 머지않아 로봇에 밀려 추억 속으로 사라진다는 얘기입니다.

여기서 우리가 주목해야 할 점은 로봇과 인공지능이 '고용 없는 성장' 시대를 이끌고 그로 인해 시스템을 가진 자는 더 큰 부자가 되고, 노동력만 가진 자는 더 큰 빈곤에 처할 수 있다는 것입니다. 이에 따라 부익부, 빈익빈 현상이 더욱 심각해질 수밖에 없습니다.

② 오프라인 경제의 침몰, 모두가 온라인 세상으로

오프라인 실물경제, 즉 지금까지 사람들이 물건을 사러 직접 찾아가던 시장이나 슈퍼 등의 점포가 가상공간인 인터넷으로 빠르게 이동하고 있습니다. 몇 년 전까지만 해도 TV를 통해 옷을 살 수 있으리라고 생각한 사람은 별로 없었습니다. 하지만 이제는 옷뿐 아니라 부동산까지 팔 수 있는 것이면 무엇이든 TV 홈쇼핑과 인터넷에서 판매하는 시대가 되었습니다.

특히 2019년 코로나 팬데믹을 겪으면서 이런 추세는 급격하게 빨라지고 있으며 비대면, 온라인 쏠림 현상이 심화되고 있습니다. 이제 제값을 내고 마트나 시장에서 물건을 구매하는 사람을 어리석게 여기는 이들도 많아졌습니다.

대기업은 이미 대형 할인마트와 인터넷 쇼핑, TV 홈쇼핑을 연계해 소상공인들은 흉내도 낼 수 없는 새로운 유통 서비스를 만들어 가고 있습니다. 예를 들어 서울의 한 지하철 역사 벽에는 대형 할인마트의 광고와 QR 코드가 붙어 있는데, 이를 통해 누구나 출퇴근길에 휴대전화로 편리하게 쇼핑할 수 있습니다.

이렇게 지금은 온라인 유통이 대세입니다. 오프라인 유통만 고집한다면 망하기 딱 좋은 세상입니다.

메타버스와 가상인간이 우리에게 일상으로 다가오는 지금, 부의 중심도 온라인 세상으로 빠르게 이동하고 있습니다.

③ '돈'이 있어야 멋진 세상을 살아갑니다.

생활의 편리함을 누리려면 무엇보다 필요한 것이 '돈'입니다. 물론 지금도 돈은 우리 생활에 없어서는 안 될 중요한 경제 도구입니다. 돈은 물질만능주의의 필요악이지만 4차 산업혁명 시대에는 그 중요성이 더 커지고 있습니다. 만약 멋진 스마트 아파트가 일반화되면 지금의 아파트보다 훨씬 비쌀 것이고, 무인 자동차가 상용화되면 첨단 과학으로 무장한 그 자동차는 현재 자동차 가격의 몇 배를 호가할 것입니다. 결국 꿈에 그리던 생활이 현실이 되고 있지만 돈이 없으면 그림의 떡일 뿐입니다.

돈은 다다익선입니다. 많으면 많을수록 삶의 질이 높아지는데, 과연 우리 같은 일반 사람이 무엇으로 그 돈을 벌 수 있을까요?

그 해답은 앞으로 이어질 내용에서 다루어 보려고 합니다.

이처럼 4차 산업혁명 시대에는 빛과 어둠이 극명하게 갈립니다. 부자는 정말로 멋지고 편리한 세상을 누릴 수 있지만 평범한 사람에게는 더욱 힘들고 어려운 시련의 시대가 될 것입니다. 평범한 사람이 4차 산업혁명 시대를 마냥 좋아할 수만은 없는 이유가 여기에 있습니다.

그렇다고 아무런 대책 없이 부자를 부러워하고 있을 수는 없습니다. 4차 산업혁명 초기인 지금, 그 혜택을 온전히 누리기 위해 준비해야 합니다. 현실에 안주하며 열심히 일하는 것만으로는 부족합니다. 부자들이 세상의 변화에 빠르게 적응하듯 평범한 사람들도 변화의 큰 파도에 서둘러 올라타야 합니다.

세상의 가치가 유형(有形)에서 무형(無形)으로 옮겨 가고 새로 생기는 것보다 사라지는 것이 더 많은 혼돈의 요즘, 우리는 과연 무엇을 준비해야 할까요?

02. 1인 기업 시대에 맞는 평생 직업을 준비하자.

과거에는 많은 사람이 의사, 변호사, 판사가 되기 위해 열심히 공부해서 의대와 법대에 진학했습니다. 부모나 선배들이 이 직업을 통해 부자가 되는 모습을 보고 직업의 대물림을 한 결과입니다. 물론 이들의 직업이 주는 상징성이 있겠지만 그보다는 학창 시절을 모두 걸어도 아깝지 않을 만큼 부와 명예라는 보상을 받을 수 있었기 때문입니다.

그러나 시대와 환경이 변화하면서 소위 '사'자가 들어간 직업이 주는 금전적 안정과 사회적 지위가 예전 같지 않습니다. 오히려 전문 인력이 너무 늘어나 경쟁이 치열해지는 상황입니다. 인구는 줄고 있는데 사람의 건강과 안녕을 책임지는 의사와 변호사가 너무 많아지고 있습니다.

지금은 의학의 발달로 질병에 걸리기 전에 예방할 수 있고, 똑똑한 알고리즘 프로그램이 사건 및 사고를 예방하며 신속히 처리하는 시대로 넘어가고 있습니다. 그런데 직업에 대한 고정관념은 시대의 변화에 제대로 대응하지 못하고 정체되어 있습니다.

아직도 많은 부모가 아이에게 이렇게 조언합니다.

"열심히 사는 것이 미덕이고 좋은 직장에 들어가 월급을 받으며 살아가는 것이 가장 안정적인 선택이다."

이러한 생각은 그들의 젊은 시절에나 통용되던 얘기일 뿐입니다. 지금은 이렇게 살아간다면 인생의 큰 낭패를 볼 수도 있습니다.

평생직장이 있었고 일만 하면 잘 살 수 있었던 부모님 세대에는 열심히만 살면 부자가 될 수 있었습니다. 그러나 평생직장이 사라지고 로봇과 컴퓨터가 사람을 대신하는 요즘은 열심히 사는 것만으로는 부자가 될 수 없습니다. 이것은 누구나 알고 있는 현실입니다. 지금은 '열심히'보다 '현명하게'라는 단어가 더 어울리는 스마트 시대입니다.

과학이 발달하고 인터넷과 글로벌 네트워크가 보편화되는 스마트 시대에는 개인의 역량에 따라 누구나 CEO가 될 수 있습니다. 또한 기계가 사람을 대신하니 노동력에 상관없이 직업을 선택할 수 있습니다. 재택근무로 인해 직장과 집의 경계가 허물어지고 일명 하우스 오피스가 일상이 되고 있습니다. 이는 코로나 팬데믹을 겪으면서 우리 사회가 여실히 보여주었습니다.

《소유의 종말(The Age of Access)》의 저자이자 경제 동향 연구 재단(FOET)의 이사장인 제레미 리프킨(Jeremy Rifkin)은 "지금과 같은 시장(市場)은 2050년에는 완전히 없어지고 네트워크가 이를 대신할 것"이라고 말했습니다. 아마존 웹서비스 아시아 퍼시픽 전무이사 셰인 오웬비(Shane Owenby)도 "기존의 경제 상식이 더 이상 통하지 않게 될 것"이라고 했습니다.

한마디로 우리는 지금 1인 기업가가 되기에 딱 좋은 시대를 맞이하고 있습니다.

이제 우리는 모두가 사장이면서 팀으로 사업을 진행하고 각자의 장점을 살려 서로 윈윈(Win-Win)하는 시대를 만난 것입니다. 다양한 아이디어를 창출해 필요한 것을 3D 프린터로 만들고 메타버스 플랫폼을 통해 공유하며 기술과 정보가 많은 사람이 돈을 버는 시대가 오고 있습니다.

이런 시대에 우리는 어떤 직업을 선택해야 할까요? 누구나 1인 기업가가 되어 미래를 준비할 수 있는 평생 직업이 있을까요? 너무 먼 곳을 바라보지 말고 가까운 곳에서 그 답을 찾으십시오. 우리의 생활과 아주 밀접한 유통 속에 그 기회가 있습니다.

03. 유통의 변화에 기회가 있다.

20세기의 유통은 생산자인 기업을 중심으로 총판, 도매, 소매가 공존하는 시스템이었습니다. 당시에는 공급보다 수요가 많아 무엇이든 만들기만 하면 잘 팔려나갔습니다. 따라서 그 무렵의 유통은 자본만 있으면 성공할 확률이 높은 황금알을 낳는 거위였고 실제로 유통 사업으로 큰 부자가 된 사람이 많았습니다.

하지만 21세기에 들어서면서 유통에 급격한 변화의 물결이 밀어닥쳤습니다. 그 변화를 이끈 것이 바로 인터넷과 교통의 발달입니다. 전국을 거미줄처럼 잇기 시작한 고속도로와 철도는 전국을 일일생활권으로 만들었고, 인터넷 붐은 세상을 더욱 편리하고 빠르게 바꿔놓았습니다. 이로 인해 유통업에 뛰어드는 대기업이 점점 늘어났습니다. 이때 생긴 것이 대형 할인마트, 인터넷 쇼핑, TV 홈쇼핑입니다.

유통 단계를 줄여 가격 경쟁력을 높이고 언제 어디서나 자유롭게 제품을 구매하도록 장소의 제약까지 뛰어넘은 이런 유통은 소비자들의 니즈(Needs)에 딱 맞아떨어졌고 처음에 생소하게 여기던 소비자들은 점점 그 저렴함과 편리함에 빠져들었습니다.

같은 제품을 좀 더 저렴한 가격에 구입하고 싶어 한 소비자들은 집 앞의 슈퍼보다 10~20% 저렴한 대형 할인마트에서 구매했습니다. 그뿐 아니라 인터넷 쇼핑몰에 접속해 한 번의 클릭으로 원하는 물건을 원하는 장소로 배송받는 쇼핑 시스템에 즐거운 비명을 질렀습니다.

그러다 보니 대형 할인마트, 인터넷 쇼핑, TV 홈쇼핑은 유통의 거인으로 빠르게 성장했습니다. 이는 곧 여러 단계로 이루어지던 기존 유통이 직거래로 바뀌면서 생산자와 소비자에게 금전적 혜택을 주었습니다.

그렇지만 여기에도 영원한 '갑'은 없습니다. 항상 '갑'으로 남아 있으리라고 생각한 기업들이 한창 성공의 축배를 드는 사이에 소비자가 굉장히 똑똑해졌습니다. 포털 사이트의 가격 비교 솔루션이 대표적인 사례인데 이 솔루션은 소비자에게 강력한 칼자루를 쥐여주었습니다. 소비자의 욕구를 충족시키기 위해 등장한 가격 비교 솔루션은 기발한 아이디어로 소비자에게 큰 호응을 받았습니다. 이 솔루션은 소비자가 원하는 제품을 검색하면 여러 사이트의 판매가격을 동시에 보여주고 가장 저렴한 쇼핑몰을 알려줍니다. 이를 통해 소비자의 구매 욕구가 상승하지만 그만큼 유통에 상당한 거품이 끼어 있다는 사실을 소비자가 실감하게 되었습니다. 이뿐만 아니라 인터넷에 올라오는 제품 정보와 사용 후기는 갑과 을의 위치를 바꾸어 놓았습니다.

다시 말해 과거에 TV 속 광고나 점원의 설명에만 의존하던 수동적인 소비 패턴이 다양한 인터넷 정보를 통해 능동적인 소비 패턴으로 변화한 것입니다. 이제 유통의 갑은 바로 소비자입니다. 진정으로 '손님이 왕'이 된 것입니다.

공급 과잉 상태에 놓인 원인은 기술 발달과 '유통이 돈이 된다'는 가치관에 있습니다. 이로 인해 유통 시장은 경쟁이 치열해지고 제품의 종류와 유통 채널이 다양해지면서 소비자들은 행복한 고민에 빠졌습니다. 이 상황에서 기업은 판매 증가를 위해 더 이상 광고에만 의존하지 않고 새로운 마케팅 기법인 '캐시백 제도'를 도입했습니다.

이 캐시백은 S 회사의 계열사인 휴대전화, 주유소, 마트, 영화관에서 소비자가 사용한 금액의 일정 비율을 현금처럼 사용하도록 돌려주는 제도로서 선풍적인 인기를 끌었습니다. 그렇게 시작된 캐시백 제도는 소비 시장 전반에서 가장 좋은 마케팅 기법으로 자리를 잡았으며 이제 보편적인 판매촉진 서비스로 정착되었습니다. 그러나 소비자들의 선택은 더욱 까다로워졌습니다. 갈수록 다양하고 더 싸고 더 좋은 품질의 제품을 선택하기 위해 노력했고 생산자는 이들에게 선택받기 위해 더 다양한 마케팅 방법을 고안해 내기 시작했습니다.

사용 후기를 볼 수 있는 블로그 마케팅, 구매 금액의 일정 부분을 현금으로 돌려주는 프로슈머 마케팅 등이 그 대표적인 예시입니다.

소비자들은 이제 더 이상 광고에만 의존하지 않습니다. 나와 같은 소비자가 직접 경험한 제품 경험을 중요시하고 소비가 곧 소득이 될 수 있는 가성비를 따지는 시대가 된 것입니다. 엄청난 회원을 가지고 있는 파워 블로거, 현명한 소비 정보를 마케팅하는 프로슈머가 유통을 이끌며 부의 중심에 서기 시작했습니다.

04. 신유통에 주목하자.

정보가 돈이 되는 요즘, 빠른 변화 속에서 이미 1인 기업가로 유통에 참여해 현명한 소비정보를 소득으로 바꿔 가는 현명한 소비자들이 있습니다. 이들이 새로운 형태의 소비자로 참여하고 있는 신(新)유통 방식은 과연 무엇일까요? 그것은 바로 네트워크 마케팅입니다.

1980년대에 미국에서 시작된 네트워크 마케팅은 1990년대에

일본을 거쳐 2000년대에 한국에 뿌리를 내렸습니다. 물론 한국
에서는 1980년대에 변종 다단계 판매가 사회적으로 물의를 일
으키는 바람에 지금도 가끔 건전한 네트워크 마케팅 회사가 오
해받기도 합니다.

　네트워크 마케팅은 1920년대에 하버드 경영대학원의 던킨
교수가 처음 정립했고, 지금은 포털 검색 사이트의 경제 용어
편에서도 그 의미를 쉽게 찾을 수 있는 새로운 유통 방식입니다.
　1980년대에 출판된 《제3의 물결(Third Wave)》에는 네트워크
마케팅의 주체인 프로슈머(Prosumer)에 관한 내용이 나옵니
다. 이 책의 저자로 세계적인 미래학자인 앨빈 토플러(Alvin
Toffler)는 생산자(Producer)와 소비자(Consumer)를 합성한
말을 프로슈머(Prosumer)라고 정의하면서 소비자가 소비를 비
롯해 제품개발과 유통 과정에까지 참여하는 '생산적 소비자'
로 거듭날 것으로 예측했습니다.
　네트워크 마케팅과 프로슈머는 이미 우리의 생활 깊숙이
들어와 있습니다. 단지 우리가 그것을 인식하지 못할 뿐입니다.
　21세기의 현명한 소비자는 네트워크 마케팅과 프로슈머의
원리를 활용하는 네트워크 마케팅 회사와 본격적으로 윈윈하

고 있습니다. 그 원리는 이렇습니다. 먼저 네트워크 마케팅 회사가 제품력이 뛰어난 생활용품을 소비자와 직거래합니다. 그러면 소비자는 회원가(할인가)로 질 좋은 제품을 사용한 뒤 입소문을 냅니다. 이 과정에서 유통을 도와준 대가로 소비자는 회사로부터 현금 캐시백을 받습니다. 나아가 소비자가 구축한 소비자 유통망의 권리를 소비자 본인이 갖고 유통망의 소비자들이 제품을 구매할 때마다 현금 캐시백을 받습니다.

네트워크 마케팅은 단순한 이론에서 시작되었지만 네트워크 마케팅 회사가 설립되고 직접 사업을 하는 사람들이 늘어나면서 생산자와 소비자가 모두 만족하는 신유통으로 자리를 잡았습니다. 미국에서는 유명 방송국이 네트워크 마케팅 사업을 '경제 불황을 뛰어넘을 수 있는 기회'로 소개하기도 했습니다. 중국에서는 국영방송이 네트워크 마케팅 회사를 직접 소개하였습니다. 그리고 한국에서도 한국직접판매협회와 네트워크 마케팅 회사가 방송과 지하철 광고로 홍보하고 있습니다.

요즘에는 많은 사람이 네트워크 마케팅 회사의 제품을 사용하거나 직접 사업을 하고 있습니다. 이처럼 현명한 소비자가 늘어나고 있는 이유는 무엇일까요? 네트워크 마케팅 회사가 늘어나고 또 사업을 알아보거나 동참하는 사람들이 늘어나는 이유는 분명히 있습니다. 그 이유는 네트워크 마케팅이 시대의 흐름과 소비자의 바람에 의해 탄생한 신유통이기 때문입니다.

잠깐만 우리의 현실을 생각해 봅시다. 현재 로봇과 컴퓨터의 발달이 고용 없는 성장을 이끌면서 사람들의 일자리가 갈수록 줄어들고 있습니다. 반면 의학 기술의 발달로 사람들의 기대 수명은 이미 100세를 넘어서고 있습니다. 이것은 무엇을 의미할까요? 돈을 벌 수 있는 기회는 줄어들고 살아갈 날은 대폭 늘어나 수입 없이 보내야 하는 세월이 길어졌다는 얘기입니다. 현실적으로 경제활동 기간이 줄어들다 보니 많은 사람이 새로운 소득 기회를 찾고 있습니다.

이처럼 암울한 상황에서 소비가 곧 돈을 버는 사업 기회가 있다는 사실은 신선한 충격입니다. 1인 기업 시대에 신유통인 네트워크 마케팅은 수많은 1인 기업가를 탄생시키고 있습니다. 많은 직업이 사라지는 가운데 오히려 직업을 창출하는 이 사업은 갈수록 모든 사람에게 주목받는 시대적 트렌드가 되고 있습니다.

오래전부터 세계적인 미래학자들은 네트워크 마케팅이 유통의 주류로 자리 잡을 것으로 예측했으며 실제 일반 유통도 네트워크 마케팅 회사를 벤치마킹하고 있습니다. 이미 아이들도 초등학교에서 프로슈머와 네트워크 마케팅을 배우고 있습니다.

앞으로 네트워크 마케팅 회사는 더욱 다양화될 전망입니다. 획기적이고 독창적이며 질 좋은 제품들이 네트워크 마케팅 회사를 중심으로 쏟아져 나올 것입니다.

이제 부모님 세대의 낡은 가치관을 버리고 현실에 맞게 평생 직업을 찾아 나설 때입니다. 어렵게 생각하지 말고 간단히 검색창에 '네트워크 마케팅'을 쳐서 그 내용을 검토해 보십시오. 4차 산업혁명 시대를 살아가는 현명한 소비자로서 이는 당연한 알 권리이자, 미래를 준비하는 현명한 자세입니다.

02 | 네트워크 마케팅의 이해

01. **네트워크 마케팅의 개념**

세계적인 미래학자들이 입을 모아 비전 있는 사업이라고 극찬한 네트워크 마케팅은 21세기를 이끌어갈 신유통이며 합법적으로 많은 사람을 1인 기업가로 탄생시키고 있습니다. 그럼 그 이유를 살펴보겠습니다.

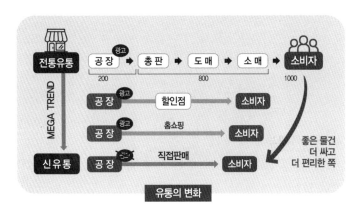

아마 여러분은 네트워크 마케팅을 알면 알수록 얼마나 정직하고 합리적인 유통인지 깨닫게 될 것입니다.

앞의 그림에서 전통(일반) 유통은 20세기 이전의 보편적인 유통을 말합니다. 인류가 경제활동을 시작하면서 사람들은 언제든 원하는 제품을 편하게 구매하고 싶어 했습니다. 그리고 생산자는 그러한 소비자의 욕구를 이용해 제품 유통으로 큰 수익을 내고 싶어 했습니다. 소비자와 생산자의 이런 욕구가 맞물려 전통적인 유통이 출현한 것입니다.

이 전통적인 유통 구조에는 중간에 총판, 도매, 소매 채널이 있습니다. 과거의 보부상이 이러한 유통 구조의 시조입니다. 생산자와 소비자의 교환 경제가 이루어지도록 중간자 역할을 한 보부상은 거리에 따라 세분화되었습니다. 이들은 생산자의 판매 총책인 총판, 그 중간의 도매상, 소비자 가까이에서 제품을 직접 공급하는 소매상으로 나뉘어 각자의 위치에서 이익(마진)을 가져갔습니다.

20세기를 주름잡던 전통적인 유통 구조는 생산자와 소비자를 직접 연결해 주는 직거래 유통이 등장하면서 점차 힘을 잃어 갔습니다. 이때부터 소비자는 좋은 제품을 보다 저렴한 가격에 구입했고 제품 불만에 대해서도 더욱 원활한 서비스를 받기 시작했습니다. 소위 유통쟁이에게 놀아나던 생산자는 기회비용인 유통비용이 줄어들면서 만족할 만한 수익을 창출하게 되었습니다.

그러던 중 네트워크 마케팅이란 새로운 개념의 유통 방식이 등장했습니다. 처음에 대학 논문으로 발표된 네트워크 마케팅은 미국의 블랙먼데이 이후 유능한 화이트칼라들이 대거 유입되면서 가파른 속도로 체계화되고, 발전하기 시작했습니다.

네트워크 마케팅의 원리는 아주 간단합니다. 이것은 직거래 유통 방식으로 광고하지 않습니다. 대신 소비자가 직거래 제품을 직접 써보고 입소문을 내면 회사는 유통비와 광고비를 아껴 소비자에게 현금 캐시백을 해 주는 방식입니다.

대형 할인마트, TV 홈쇼핑, 인터넷 쇼핑처럼 네트워크 마케팅도 직거래 유통 방식이지만 이런 유통과는 분명한 차이가 있습니다.

대형 할인마트, TV 홈쇼핑, 인터넷 쇼핑은 기업(생산자)이 주도하는 유통으로 수익이 발생하면 그것을 대부분 기업이 가져갑니다. 현금처럼 사용할 수 있는 캐시백도 수익 증대를 위한 도구이기 때문에 아주 낮은 비율(%)만 소비자에게 돌려주는데 소비자는 소비할 때마다 캐시백을 받지만 캐시백으로 또 다른 소비를 하기 때문에 기업의 이익만 더 늘어납니다.

이에 반해 네트워크 마케팅은 소비자가 주도하는 유통으로 제품 유통을 소비자에게 맡깁니다. 그리고 수익이 발생하면 입소문을 낸 소비자에게 일반유통에서 지급하는 캐시백과 비교할 수 없는 현금 캐시백을 줍니다. 네트워크 마케팅 회사는 공급자로서 제품 개발, 생산, 재고 관리, 회계, 택배 등을 담당하고 딱 하나 마케팅(유통)만 소비자에게 직접 위임합니다. 대형 할인마트나 인터넷 쇼핑에서 소비하던 소비자들이 더욱 발전된 형태인 직거래 방식의 네트워크 마케팅에 반색하는 이유가 여기에 있습니다.

정리하자면 네트워크 마케팅에서는 전문 세일즈맨이 아니어도 누구나 유통의 역할을 수행함으로써 현금 소득(보상)을 창출할 수 있습니다. 제품이 생산자에서 소비자에게로 가는 유통 과정에 전문 유통인이 아닌 일반 소비자가 참여하는 것입니다. 그리고 이들은 네트워크 마케팅 회사(생산자)와 또 다른 소비자 사이에서 제품에 대한 입소문을 내고 제품이 팔릴 때마다 보상(캐시백)을 받습니다.

다시 말해 네트워크 마케팅 회사의 제품을 사용해 보고 만족한 소비자는 그 사용 경험을 주변 사람들에게 자랑하며 그 소비자를 신뢰하는 주변 사람들이 제품을 사용하는데 그때 네트워크 마케팅 회사는 입소문(광고)을 낸 소비자에게 대가로 현금 캐시백을 줍니다.

얼마나 합리적이고 효율적인 방법입니까? 어차피 누구나 사용하는 일상 생활용품을 네트워크 마케팅 제품으로 바꿔 쓰고 돈까지 벌 수 있다면 소비 패턴을 바꾸지 않을 사람이 있을까요?

02. 네트워크 마케팅과 피라미드의 차이

지금까지도 많은 사람이 네트워크 마케팅과 피라미드가 명칭만 다를 뿐 둘 다 불법적인 유통 방식일 것이라 생각합니다. 그 이유는 네트워크 마케팅이 우리나라에 들어올 때 변형된 피라미드 방식으로 들어왔으며 그 시대의 사람들이 지금의 주류가 되어 있기 때문이죠.

1988년 서울 올림픽이 열릴 무렵, 해외에서 다양한 문물이 한국으로 밀려들어 올 때 네트워크 마케팅도 함께 들어왔습니다. 하지만 바른 모습이 아닌 불법 피라미드로 바뀌어 들어온 탓에 많은 사람이 경제적으로 큰 손해를 보고 말았습니다. 당시 뼈아픈 경험을 한 사람들은 여전히 네트워크 마케팅도 똑같은 것으로 여기고 있습니다.

외형상 네트워크 마케팅과 피라미드는 구별이 쉽지 않지만 조금만 꼼꼼히 따져보면 피할 것이 아닌 기회로써 네트워크 마케팅 사업을 재미있게 진행할 수 있습니다.

다음의 표는 여러분의 이해를 돕고자 정리한 것입니다.

네트워크 마케팅		피라미드 조직
네트워크 마케팅	제품	고가 내구 소비재 위주
없음 (교육교재, 판매보조재 등 구입비 제외)	가입비	각종 명목으로 금품 징수
택배를 이용, 주문자가 원하는 장소로 배달	물건전달	사업자가 직접 물건을 개봉, 반품을 방해하는 경우가 많음
회사가 관리 감독하는 공개장소에서 개최	사업설명회	폐쇄적 공간, 공동 숙소에서 개최
구매실적, 판매실적, 후원수당 등의 다양한 수당지급 기준	수당	새 회원 모집을 통해서만 수당 지급
환불제도에 의거	환불	환불제도가 없거나 현실성 없는 경우가 대부분
상품판매에 의한 수익	수입원	새 사업자 가입시키는 행위에서 수익 발생
하위 사업자 확보의무 없음	확장구조	하위 사업자 확보의무 부과
공제조합 등에 가입, 소비자피해 발생시 보상 가능	피해보상	공제조합에 가입되어 있지 않아 피해 발생시 보상 불가능

출처 : 직접판매공제조합, 한국직접판매협회

네트워크 마케팅은 '방문판매 등에 관한 법률'을 준수해야 하며, 이 법률은 불법 피라미드로 변질되는 것을 막기 위해 일정한 행위를 금지합니다. 방문판매 등에 관한 법률 제2조 9항에 따르면 '사업권유거래(네트워크 마케팅)라 함은 사업자가 소득 기회를 알선 제공하는 방법으로 거래 상대방을 유인하여 재화 등을 구입하게 하는 거래를 말한다'라고 명시되어 있습니다. 여기서 사업자는 독립된 사업자(Independent Business Owner)를 말하며 소득 기회는 기회(Chance), 알선 제공은 안내(Guide)를 뜻합니다.

이와 반대로 피라미드 방식은 다음과 같은 불법 행위를 하고 있습니다.

☑ 가입비 명목 또는 사업자 가입 조건으로 돈을 받거나 물건을 사게 합니다.
☑ 제품을 강매하거나 상위 사업자가 하위 사업자에게 제품을 판매합니다.
☑ 제품의 반품 및 환불 규정이 명확지 않거나 사실상 지켜지지 않습니다.
☑ 후원수당 산정 기준 등에 관한 자료를 공개하지 않습니다.

이러한 불법 행위로 인해 피라미드 조직은 사회적으로 피해를 양산하고 있습니다. 그러나 조금만 주의를 기울이면 피라미드 조직의 얄팍한 꼼수에 말려들지 않을 수 있습니다. 이미 TV와 언론매체에서도 네트워크 마케팅을 많이 다루고 있으므로 관심을 기울여 살펴보고 피라미드의 함정에 빠지지 않도록 해야 합니다.

가장 중요한 것은 '어떤 행위로 소득이 발생하는가' 하는 점을 꼭 따져봐야 합니다. 제품 유통으로 소득을 창출하는지 아니면 새로운 사람을 가입시킬 때마다 소득이 발생하는지 살펴보십시오. 이것만 확인해도 여러분은 피라미드의 함정에 빠지지 않고 건전한 네트워크 마케팅 회사와 사업 파트너가 되어 무한한 소득 기회를 누릴 수 있습니다.

03. 시대 변화와 네트워크 마케팅

역사적으로 시대의 흐름에 가장 민감하고 밝은 사람은 바로 미래 경제학자입니다. 그런데 다양한 분석을 통해 현재와 미래의 흐름을 예측하는 그들이 네트워크 마케팅을 극찬하며 평범한 사람에게 주어진 '최고의 기회'라고 말합니다. 이미 20세기 후반에 세계적인 미래 경제학자 앨빈 토플러는 이렇게 말했습니다.

"미래는 프로슈머의 시대입니다. 소비자가 소비는 물론 제품 개발과 유통 과정에까지 직접 참여하는 '생산적 소비자'로 거듭날 것입니다."

시대와 나라별로 유통의 발전 과정을 살펴보면 이 말이 사실임을 알 수 있습니다.

	1950년대	1960년대	1970년대	1980년대	1990년대	2000년대
미국	슈퍼마켓	백화점 프랜차이즈	할인마트	홈쇼핑 다단계판매 네트워크 마케팅	→	→
일본	재래시장	슈퍼마켓	백화점 프랜차이즈	할인마트	홈쇼핑 다단계판매 네트워크 마케팅	→
한국	재래시장	재래시장	슈퍼마켓	백화점 프랜차이즈 다단계(변종)	할인마트 다단계(불법) 다단계(합법) 1995년	홈쇼핑 인터넷쇼핑 다단계판매(상장) 네트워크마케팅 (발전)

출처 : 한국사회 최고의 기회, 김태수 박사

지금까지 세계 유통은 경제 대국 미국을 중심으로 발전해왔습니다. 표에서 볼 수 있듯 일본은 미국을 닮아가고 우리나라는 미국과 일본을 닮아가고 있습니다. 즉, 한국과 일본은 10년 간격으로 미국 유통을 따라가고 있습니다. 미국은 1980년대, 일본은 1990년대에 네트워크 마케팅이 유통 트렌드였습니다. 그다음으로 2000년대에 우리나라에서 합법적인 다단계 판매와 네트워크 마케팅이 시작되었습니다.

과학 기술이 발달하고 인터넷 혁명이 우리 삶을 좌우하면서 세계적인 유통 추세가 소비자 주도, 직거래 방식, 인터넷을 활용한 온라인 방식으로 변하고 있습니다.

04. 네트워크 마케팅의 장점

이미 많은 사람들이 네트워크 마케팅을 상당히 매력적인 사업으로 생각합니다. 무엇보다 네트워크 마케팅 사업에는 무한한 가능성과 비전이 공존하기 때문에 누구나 인생을 바꿀 기회로 여깁니다. 지금부터 그 장점을 살펴봅시다.

① 인생을 변화시키는 교육 프로그램이 있다.

네트워크 마케팅 사업을 처음 접하는 사람 중에는 낯선 환경에서 사업설명회를 듣고 허무맹랑한 소리라고 말하는 이도 있습니다. 하긴 꿈과 희망, 비전 없이 하루하루를 그저 그렇게 살아가는 사람이라면 그런 말을 하는 것이 당연합니다. 한데 아이러니하게도 그러한 사람에게 꿈과 희망을 품게 해주는 것이 바로 네트워크 마케팅 사업입니다. 그 이유는 네트워크 마케팅 사업에 훌륭한 교육 시스템이 있기 때문입니다.

네트워크 마케팅 사업의 교육 프로그램은 판매 교육이 아니며 교육 주체도 프로 세일즈맨이 아닙니다. 교육의 주요 내용은 네트워크 마케팅 사업을 이해하고 사업을 통해 자기 자신을 변화시켜 인생을 바꾸도록 만드는 데 집중합니다. 그래서 네트워크 마케팅 사업의 성공자들은 교육에 집중합니다.

교육을 담당하는 강사들은 대부분 리더입니다. 여기서 리더란 자신이 먼저 사업을 성공으로 이끌어 자신의 인생을 바꾸고 그 경험을 공유하는 사업 전문가를 말합니다. 이들은 대개 사업 경험을 토대로 강의를 하기 때문에 교육 내용이 현실적이고 생생하게 와닿으며 감동적이기까지 합니다. 이들 전문가가 만든 교육 프로그램은 이론적인 일반 교육에 비해 그 수준이 매우 높은 편입니다.

네트워크 마케팅 사업의 교육 프로그램에는 누구나 참석할 수 있으며 실제로 많은 사람이 교육을 통해 변화함으로써 새로운 인생을 살아가고 있습니다. 교육 프로그램에 참석하면 아래와 같은 이점을 누릴 수 있습니다.

- ☑ 사업을 검토하는 사람은 객관적인 정보와 현실 점검을 할 수 있습니다.
- ☑ 사업을 준비하는 사람은 전문가의 경험을 듣고 자신감과 사업 비전을 보게 됩니다.
- ☑ 사업을 키워가는 사람은 자기 점검과 노하우를 배워 실전에 대입합니다.
- ☑ 성공자는 리더로서 모범을 보이고 그룹을 키워가는 동시에 전문가들을 배출합니다.

교육 프로그램에 집중하면 누구나 꿈을 찾고 삶의 지혜를 얻으며 인생을 개척하는 리더가 될 수 있습니다. 실제로 꿈이 없던 평범한 샐러리맨, 가족이 전부였던 가정주부, 한 분야만 알고 있던 전문직 종사자 등이 네트워크 마케팅 사업의 교육 프로그램을 통해 성공하고 있습니다. 백문이 불여일견입니다. 여러분도 직접 교육 프로그램에 참석해 집중해 보기를 권합니다. 네트워크 마케팅 사업은 여러분의 현실점검과 잊었던 꿈을 되찾아주며, 나아가 인생을 바꿀 수 있는 훌륭한 도구입니다.

② 적은 비용으로 사업을 전개할 수 있다.

네트워크 마케팅 회사의 회원으로 가입하는 데는 돈이 필요치 않습니다. 또한 거액의 투자금이 필요한 것도 아닙니다.

거대한 가능성과 비전이 있음에도 불구하고 목돈이 필요치 않다는 사실이 일반인을 의아하게 만들기도 하지만 여기에는 그만한 이유가 있습니다.

그 이유는 바로 네트워크 마케팅 회사가 유통시스템을 개인과 공유하는 윈윈 사업이기 때문입니다.

이해하기 쉽게 풀어 말하자면 네트워크 마케팅 회사는 돈을 벌 수 있는 유통시스템을 개인에게 제공합니다. 개인은 그 시스템을 활용하여 유통망을 만들고 소유합니다.

유통망이 확장되고 소비자가 많아질수록 네트워크 마케팅 회사는 많이 팔아서 좋고, 개인은 그 대가로 안정적이고 지속적인 소득 창출이 가능합니다. 네트워크 마케팅 회사는 제품 개발과 출시, 재고 관리, 세무, 회계, 택배 등의 전반적인 생산 업무를 담당합니다. 그리고 판매를 포함한 마케팅은 일반인에게 위임합니다. 이처럼 서로 역할 분담이 확실한 원윈 구조이며 제품이 팔려나갈 때마다 회사는 생산비와 일정 마진을, 개인은 유통에 따른 이익을 얻습니다.

다시 한번 정리해 봅시다.

네트워크 마케팅 회사는 기본적인 시스템 아래 개인과 제휴해서 제품을 개인에게 위탁 판매합니다. 그 개인은 입소문을 내며 캐시백을 받기 시작합니다. 그러다 입소문을 통한 소비자 유통망이 커지면 회사가 인정하는 독립 사업자가 됩니다. 독립 사업자로서 개인은 일반 장사나 사업처럼 재고 부담을 떠안거나 택배 등에 관여하지 않기 때문에 비용을 투자할 필요가 없습니다. 대신 독립 사업자는 사업 정보를 다른 사람에게 열심히 알려주면 됩니다. 독립 사업자는 소비자의 입장에서 네트워크 마케팅 회사의 제품을 사용해 보고 그 경험을 주변에 널리 알리는 정보 마케터입니다.

제품 정보를 듣고 제품을 사용한 또 다른 소비자는 본사와 직거래로 제품을 구입해 사용하며 다시 입소문을 내 수익을 창출합니다.

이 사업에서 투자되는 비용은 자신이 사용하는 제품 구입비와 약간의 활동비가 전부입니다. 물론 제품 구입비도 어차피 어떤 브랜드로든 사용해야 하는 생활필수품을 구매하는 것이므로 엄밀히 말하면 투자라고 보기 어렵습니다. 결국 가장 많이 투자하는 것은 유통 사업으로 키우는 과정에서 노하우를 습득하기 위한 '시간'과 '노력'입니다.

네트워크 마케팅 사업은 투잡이나 부업으로 시작할 수 있으며 제품을 사용하면서 스스로를 변화시키고 네트워크 마케팅을 알아가는 시간과 열정 투자가 무엇보다 중요합니다. 돈을 투자하지 않아도 가능한 사업이 바로 네트워크 마케팅이지만 이 사업은 시간을 투자하지 않으면 절대로 할 수 없습니다.

③ 누구나 집중하면 부자가 될 수 있다.

인정하긴 싫지만 우리나라에서 계층 이동은 특별한 사람만 가능한 시대가 되었습니다. 아마 많은 사람이 이 사실을 인식하고 있을 것입니다. 개천에서 용 나던 시절은 지나갔습니다. 몇십 년을 꼬박 모아야 겨우 집 한 채를 살 수 있고 아무리 열심히 일해도 물가 상승과 세금 증가로 수입은 줄어드는 실정입니다.

심지어 지금의 경제 상황이 IMF 때보다 못하다는 말까지 나오고 있습니다. 극심한 빈부격차가 굳어지면서 부자는 계속 부자가 되고 중산층은 무너지는 상황이라 평범한 사람이 부자가 되기는 언감생심입니다. 그렇다고 이대로 주저앉을 수는 없습니다. 평범한 사람에게 한 줄기 서광을 비춰주는 네트워크 마케팅 사업이 있으니까요.

이 사업은 진입 장벽이 낮아 누구나 열심히 노력하면 현금 소득뿐만 아니라 자산 소득을 만들어갈 수 있습니다. 자산 소득이란 인세, 주식 배당금, 부동산, 로열티 같은 자산을 말합니다. 이것은 안정적이고 지속적인 소득을 만들어주는 유·무형의 경제적 가치가 있는 재산입니다.

지금까지 이런 자산은 부자와 능력 있는 소수의 특권이었습니다. 평범한 사람은 감히 꿈에서조차 그려보지 못했지요. 하지만 네트워크 마케팅 사업은 평범한 사람에게 자산을 만들 기회를 제공합니다.

네트워크 마케팅 사업에서 소득을 '후원수당'이라고 합니다. 이는 제품을 잘 사용하고 또 잘 유통한 대가로 회사가 소비자 혹은 사업자에게 제공하는 것입니다. 소비자나 사업자를 잘 구축해 유지하는 사람은 누구나 평생 후원수당을 받을 수 있습니다. 설령 사업을 은퇴하더라도 회사가 제시하는 기준을 지키면 후원수당이 평생 지급되고 상속까지 가능합니다.

열심히 유통망을 만든 사람은 그것이 자산이 되어 그 자산을 통해 죽을 때까지 후원수당을 받는 것입니다. 그런 의미에서 후원수당은 몇백억, 몇천억 현금보다 훨씬 더 가치 있는 소득이라고 할 수 있습니다.

이러한 후원수당은 이번 달에 다 써도 다음 달에 또 나옵니다. 이것은 끝없이 돈이 나오는 구조입니다.

부자들은 돈을 벌어 자산으로 만듭니다. 부동산을 사거나 주식에 투자한 후, 놀면서 돈을 버는 것입니다. 한마디로 '돈이 돈을 버는' 셈입니다. 네트워크 마케팅 사업은 여러분이 부자처럼 살도록 만들어줍니다. 유통망이 커지고 함께하는 파트너가 많아질수록 소득은 늘어나고 매달 불어나는 수익으로 여러분은 부자들이 투자하는 곳에 투자할 수 있습니다.

중요한 것은 사업에 '얼마나 집중하느냐'가 여러분의 인생을 좌우한다는 사실입니다. 몇 년간 집중하면 평생을 부자로 살 수 있습니다. 실제로 네트워크 마케팅 사업에는 이와 같은 부자가 탄생하고 있으며 인생 역전의 사례가 아주 많습니다.

05. **직업으로서의 네트워크 마케팅**

머지않아 네트워크 마케팅 사업도 직업으로 자리 잡을 것입니다. 특히 한미 FTA를 통해 미국이 우리 경제에 본격적으로 영향을 주고 있으며 그중에는 네트워크 마케팅 사업이 주는 소비자 기대 효과도 들어 있습니다. 또 법조계에서도 별도의 네트워크 마케팅 법안을 준비 중이라고 합니다. 이런 네트워크 마케팅이 과연 직업으로써 어떤 가치가 있을까요? 전 세계의 직업, 즉 돈 버는 방식을 통해 그 가치를 알려 드리겠습니다.

로버트 기요사키는 세계적인 베스트셀러 작가로 《부자 아빠, 가난한 아빠》에서 네트워크 마케팅을 사업으로 분류했습니다. 다음의 그림은 로버트 기요사키가 제시하는 현금흐름 사분면입니다.

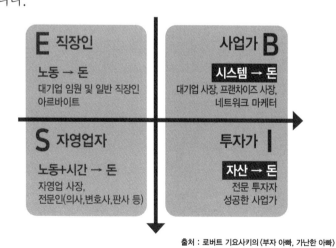

출처 : 로버트 기요사키의 《부자 아빠, 가난한 아빠》

경제활동을 하는 전 세계 사람들은 직장인(Employee), 자영업자(Self-Employee), 사업가(Business-Owner), 투자가(Investor) 중 하나에 속합니다. 이들은 돈을 버는 방식에 따라 나뉘는데, 이는 곧 직업군이 네 개로 나뉜다는 의미입니다.

로버트 기요사키는 부자는 B(Business-Owner)와 I(Investor) 사분면에서 나온다고 했습니다. E(Employee)와 S(Self-Employee) 사분면 사람들이 노동력과 시간의 한계로 인해 소득에 한계가 있는 반면, B와 I 사분면 사람들은 자산을 비롯해 돈 버는 시스템을 통해 무한 소득이 가능하기 때문입니다. 전 세계 인구의 5~10%가 사업가나 투자가이며 네트워크 마케팅 사업가도 여기에 속합니다. 네트워크 마케팅 사업가도 돈 버는 시스템을 갖고 있으므로 당당히 사업가라는 직업군에 속하는 것입니다.

이처럼 엄청난 네트워크 마케팅 사업을 선택했으면서 만약 이 사업을 직장인이나 자영업자처럼 하고 있다면 그 사람은 반성해야 합니다. 네트워크 마케팅 사업을 알아보고 시작하려는 사람이 이들을 통해 잘못 진행할 수도 있기 때문입니다.

06. 네트워크 마케팅의 기대 효과

네트워크 마케팅 사업은 개인과 사회에 좋은 영향을 주며 특히 기대 효과가 큽니다. 그 기대 효과는 크게 두 가지로 나눠볼 수 있습니다.

① 개인이 기대하는 효과

네트워크 마케팅 사업에 집중하면 삶의 질이 바뀝니다. 즉, 경제적 자유와 시간적 여유를 모두 누리면서 원하는 라이프스타일을 추구할 수 있습니다. 한마디로 네트워크 마케팅 사업에서 성공하면 행복한 부자가 됩니다.

물론 처음에는 추가적인 수입을 얻기 위해 투잡이나 부업으로 시작할 수도 있습니다. 그러다가 네트워크 마케팅 사업을 통해 재정적 자유가 가능함을 확인한 다음에는 본격적으로 사업에 집중합니다. 집중하고 또 집중할 경우 자산 소득이 늘어나고 저절로 사업 시스템이 돌아갑니다. 그러면 보다 많은 시간적 여유가 생깁니다.

교육 프로그램을 통해 개인적인 발전을 이루고 돈과 시간, 그리고 의식이 높아지면 다른 사람을 도울 경제적, 심리적 여유가 생깁니다. 이 단계에 이르면 언제든 원할 때 경제적 은퇴가 가능하며 자녀와 후손을 위해 유산을 남길 수도 있습니다.

상상만 해도 멋지지 않나요? 네트워크 마케팅 사업을 하면 평범한 사람도 이러한 라이프스타일을 구축하는 것이 가능합니다. 여러분의 가능성을 믿으십시오. 믿으면 이뤄집니다.

② 사회적 기대 효과

연합뉴스의 기사 내용 중 어떤 한 한양대 교수의 '회원직접 판매 유통의 현황과 과제' 연구에 따르면, 다단계 판매가 국내 경제에 미치는 직·간접적 파급 효과가 10조 원이 넘는다고 합니다. 네트워크 마케팅을 포함한 다단계 판매에 이런 엄청난 효과가 있다는 것은 네트워크 마케팅이 이미 검증된 유통 채널 중 하나임을 입증해 줍니다.

출처 : https://www.yna.co.kr/view/AKR20130722176500030

사회적인 주요 기대 효과를 살펴보면 다음과 같습니다.

- ☑ 일자리 창출 효과가 있습니다.
- ☑ 진입 문턱이 낮아 누구나 직업으로 삼을 수 있습니다.
- ☑ 큰 투자 없이도 수익 창출이 가능합니다.
- ☑ 원하는 만큼 벌 수 있습니다.
- ☑ 점포 없이 부업, 투잡으로 가능합니다.

특히 요즘처럼 취업이 힘들고 은퇴 시기가 빨라진 시기에 일자리 창출은 사회에 커다란 도움을 줍니다. 나아가 이것은 세수 유발 효과도 냅니다. 네트워크 마케팅 사업자도 엄연히 세금을 내는 납세의무자들입니다. 후원수당은 투명하게 관리되며 소득의 일정 부분은 세금으로 내야 합니다. 네트워크 마케팅 사업을 통해 소득이 발생하고 여기에서 세금 징수가 가능하니 국가가 이 유통 사업을 반기지 않을 이유는 없지요.

언뜻 일반 유통 기업이 네트워크 마케팅 기업보다 더 큰돈을 벌 것 같지만 사실은 그렇지 않습니다. 그래서 유명 대기업들도 '사업 목적 변경'에 네트워크 마케팅을 넣고 있는 추세입니다. 많은 일반 기업이 네트워크 마케팅을 선호해 앞으로 네트워크 마케팅 회사가 많아진다면 생산 경제가 호황을 누리면서 우리나라 경제에 전반적으로 신선한 충격을 줄 것입니다.

03 네트워크 마케팅이 돈이 되는 이유

01. 어떤 도구를 선택할 것인가

세상 모든 사람은 '일'을 하면서 살아갑니다. 그리고 그 대가로 여러 가지 형태의 소득(돈)을 얻습니다. 우리는 그것을 월급, 수당, 이윤이라고 부릅니다. 각각의 단어가 모두 다르듯 똑같은 일을 하고도 어떻게 대가를 받느냐에 따라 그 명칭과 액수는 다릅니다. 또한 소득을 얻기 위해 투입하는 시간도 천차만별입니다.

가령 식당에서 일하는 직원은 '월급'을 받고, 식당을 운영하는 사장은 매출에서 비용을 뺀 '이윤'을 남깁니다. 여기가 끝이 아닙니다. 그 식당에 돈을 빌려준 은행은 사장에게 '이자'를 받습니다. 식당을 내준 건물주는 '임대료'를 받고 식당을 광고해 주는 광고 회사 사장은 '광고료'를 받습니다.

이처럼 같은 식당을 통해 사람들이 돈을 벌어가는 방법은 각기 다릅니다. 세상에 다양한 직업과 소득이 존재하는 이유가 여기에 있습니다.

분명한 것은 내가 선택한 '일'이 소득의 크기를 결정한다는 점입니다. 소득은 내가 한 일에 따른 보상입니다. 우리는 이 보상에 맞춰 움직이며 보상의 크기가 어느 정도냐에 따라 삶의 질이 달라집니다. 아니, 인생 자체가 달라집니다.

우리가 선택한 도구에 따라 보상이 어떻게 달라지는지 예를 하나 들어보겠습니다.

도로 한가운데에 여러 개의 커다란 웅덩이가 파였습니다. 차가 많이 다니는 도로라 빠른 시간 내에 웅덩이를 평평하게 메우는 사람에게 더 많은 돈을 준다고 합니다. 이때 두 사람이 웅덩이를 메우겠다고 나섰습니다. 한 사람은 두 시간 내에 일을 마무리 짓기 위해 200만 원을 투자해 포클레인을 빌렸습니다. 다른 한 사람은 자신의 힘을 믿고 삽을 도구로 선택했습니다. 결국 포클레인을 사용한 사람이 훨씬 더 빨리 일을 끝냈고 그는 삽을 사용한 사람보다 몇 배 많은 보상을 받았습니다.

두 사람은 모두 돈을 벌었지만 어떤 도구를 사용하느냐에 따라 보상에 현격한 차이가 생긴 것입니다. 여기서 중요한 것은 포클레인을 사용한 사람은 빠른 시간 안에 더 많은 돈을 벌어 건강한 삶을 살아가지만, 삽을 사용한 사람은 많은 돈을 벌기는커녕 몸이 아파 일을 그만두고 앞날을 걱정하는 상황에 놓인다는 점입니다.

이처럼 내가 어떤 도구를 사용하는가에 따라 투자되는 시간과 노력은 물론 그 보상이 달라집니다. 나아가 인생도 달라집니다.

우리나라 최고의 부자였던 이건희 회장은 시스템을 활용해 돈을 벌었습니다. 그의 직업은 사업가입니다. 반면 우리나라의 일반인들은 대개 자신의 시간과 노동을 투자해서 돈을 법니다. 이들의 직업은 직장인 아니면 자영업자입니다. 그렇다면 이 두 부류는 어떤 차이가 있을까요? 바로 시스템의 유, 무입니다.

이건희 회장은 오랜 노력과 시간 투자로 돈 버는 시스템인 회사를 만들어 한국 최고의 대기업으로 키웠습니다. 그것을 통해 레버리지(지렛대 효과)를 일으켜 한국 최고의 부자가 되었습니다.

수많은 도구 중에서 시스템을 만드는 도구를 선택한 결과입니다. 많은 사람이 이건희 회장처럼 부자가 되고 싶어 하지만, 대부분 자신의 시간과 노동을 통해 돈을 벌고 있습니다. 머리로는 이해하지만 돈 버는 시스템을 만드는 것이 쉽지 않기 때문에 부러워만 합니다. 녹록지 않은 현실에서 당장 눈앞의 돈, 즉 일한 만큼 당장 돈이 들어와야 한다는 근시안적 사고가 대다수의 일반인을 함정에 빠뜨립니다. 그래서 많은 사람이 노동과 돈을 맞바꾸는 비전 없는 쳇바퀴를 돌리고 있습니다. 직업의 선택은 자유이지만 한 번 선택한 도구는 평생을 좌우합니다. 돈다발보다는 돈다발을 담고 있는 그릇을 볼 줄 알아야 합니다. 그 그릇이 곧 돈 버는 시스템입니다.

02. 왜 우리의 지갑은 늘 비어 있는가

많은 사람이 학창 시절에는 부모의 지원으로 용돈을 받고 취직 후에는 월급을 받습니다. 용돈에서 월급으로 바뀐다는 것은 곧 경제적 자립을 뜻합니다. 따라서 사람들은 취직만 하면 경제적으로 자유로워질 것으로 생각합니다. 이것은 착각입니다. 일단 취직하면 또 다른 세계가 펼쳐집니다. 이는 마치 훈련소를 퇴소할 때는 전역하는 기분이지만 자대 배치받고 나면 새로운 '고생'이 기다리는 것과 같습니다.

요즘의 젊은이들은 일단 직업이 생기면 대개 자동차를 구매합니다. 자동차는 현대인의 선택이 아닌 필수품이기 때문입니다. 사실 데이트할 때 이동 수단이 없어서 대중교통수단에 이리저리 치이는 것은 누구나 원치 않습니다.

그런데 자동차를 구매하는 순간 할부라는 빚이 생기고 유류비도 지출해야 합니다. 욕심부리지 않고 소형차를 하나 구매해도 월 할부금이 50만 원, 기름값이 30만 원 정도 들어갑니다. 차가 생기자마자 이용 빈도가 늘어나면서 유류비도 자동으로 늘어납니다.

이것으로 끝이 아닙니다. 차를 샀으니 주차비, 수리비는 물론 데이트 비용도 추가로 발생합니다. 일명 문화생활비라는 명목으로 추가 지출이 발생하는데 그 규모가 최소 2~30만 원 이상입니다. 결국 차량 할부와 차로 인해 발생하는 기회비용으로 매달 100만 원 이상이 지출됩니다.

보통 60개월인 자동차 할부가 끝나기 전에 사귀던 애인과 결혼하면 그나마 운이 좋은 편입니다. 결혼과 동시에 기회비용이 줄어들기 때문입니다.

그런데 자동차 할부금이란 산을 거의 다 넘을 때쯤, 더 큰 산을 만나게 됩니다. 바로 '주택대출금'입니다. 요즘은 집값이

천정부지라 많은 사람이 대출금을 떠안고 집을 사고 있습니다. 집의 할부 기간은 자그마치 30년이 넘습니다. 대개는 원금 상환을 접어두고 집을 담보로 대출해서 이자를 냅니다. 물론 월세로 집을 마련할 수도 있지만 요즘 월세는 금액이 크기도 하고 그냥 빠져나가는 돈이다 보니 꺼리는 경향이 있습니다. 여하튼 담보대출을 끼고 집을 구매하든 월세로 살아가든 집을 유지하는 데 매달 만만치 않은 목돈이 들어갑니다.

그렇게 담보대출로 집을 마련하고 2~3년이 지나면 새 생명이 태어납니다. 분명 축하할 일이지만 현실은 냉혹하기 그지없습니다. 자녀가 태어나면 '양육비'라는 지출 항목이 생기며 먹이고 입히고 의료비를 대느라 추가 비용이 들어갑니다. 정도의 차이는 있지만 가족이 한 명 추가될 때마다 무시하지 못할 만큼 기회비용이 늘어납니다.

이처럼 가정을 이루고 자녀를 보살피며 살아가는 것만으로도 엄청난 비용이 발생합니다. 보통 결혼 후 20년 정도 양육의 의무를 수행합니다. 그런데 이제부터 더 큰 문제가 발생합니다. 자녀가 스무 살이 되는 시점에 위기가 찾아오는 것입니다. 바로 '급여의 상실'입니다.

우리나라의 일반적인 구직 연령은 서른 살 이상입니다. 그나마 그 나이에 자녀가 직장에 취직하면 한숨을 돌리지만 요즘 같은 일자리가 부족한 상황에서는 서른 살 넘는 자녀를 계속 부양할 수도 있습니다. 그저 피곤한 삶이 이어질 뿐입니다.

자녀가 대학에 들어가면 엄청난 학자금을 지출해야 하고 결혼을 하면 수천만 원이 넘는 결혼 비용을 감당해야 합니다. 한데 부모의 경제력은 유지하는 것조차 힘들고 오히려 줄어들지 않으면 다행입니다. 성인의 기대 수명은 20년 이상 늘어났지만, 은퇴 연령은 낮아져 노후 대비는 그림의 떡입니다. 그나마 여유가 좀 있으면 적금이나 국민연금, 보험으로 미래를 대비하지만, 자녀 양육비와 결혼자금으로 휘청거리다 보면 그것도 남아나지 않습니다. 결론적으로 우리나라 성인의 대다수는 집 한 채라도 남으면 그나마 성공한 인생입니다. 어쩌면 이것도 운이 좋은 예일지도 모릅니다.

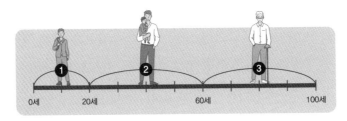

❶ 0~20세 : 부모에게 의존하는 기간 / 학창 시절
❷ 20~60세 : 경제 활동 기간 / 노후 준비 기간 / 가정을 이루고 자녀 양육,
　　　　　　 부모 봉양 기간 (40년 동안 평균 연봉 5,000만 원으로 예상 시)

경제 활동 기간 총수입 = **20억** 중

- 생활비(200만 원 x 12개월 x 40년) = 평균 **9억 6,000만 원**
- 주택비(30평) = 평균 **6억 원**
- 자녀 교육비(자녀 2명 x 3억) = 평균 **6억 원**
- 자녀 독립자금(자녀 2명 x 5,000만 원) = 평균 **1억 원**

결론 20억 – 22억 6,000만 원(9억 6,000만 원 + 6억 원 + 6억 원 + 1억 원)
= **–2억 6,000만 원**

그렇다면 ❸ 은퇴 후는 어떻게 살아가야 할까요?

살다 보면 중요한 시기마다 우리에게 목돈이 필요한데 수중에 충분한 돈이 없는 경우가 많습니다. 더욱 심각한 일은 가장 큰돈이 필요한 시기에 수입이 제로(0)가 될 수도 있다는 사실입니다.

여러분은 어떻습니까? 아마도 많은 사람이 '적자 인생'이라는 말에 공감할 것입니다. 빠르게 변화하는 세상에서 먹고살기도 빠듯한 게 현실인데 어찌 대기업을 호령할 꿈인들 꾸겠습니까? 소박하게나마 추가 소득을 벌 기회라도 찾으려고 하는 사람이 대다수일 것입니다. 현실이 힘들수록 사람들은 돈 걱정 없이 안정된 삶을 살 게 해 주는 이자소득, 자산소득, 인세소득, 건물 임대료 같은 것을 간절히 원합니다.

03. 삶의 다섯 가지 유형

여러분의 라이프스타일은 어떤가요? 그리고 어떤 라이프스타일을 꿈꾸나요?

대개는 자기 외모를 가꾸고 개성을 살리는 데 집중합니다. 명품 옷과 시계로 치장하고 비싼 차를 타며 마치 멋진 라이프스타일을 갖고 있다고 착각합니다.

그런데 누구나 원하는 멋진 라이프스타일은 외모를 꾸미고 개성을 살린다고 쉽게 만들어지는 것이 아닙니다. 그것은 단지 돈으로 순간의 일탈을 사는 것입니다.

여러분 주변의 소위 부자라는 사람들을 보십시오. 그들은 많은 사람이 부러워하는 라이프스타일을 가지고 있습니다. 최소 월 소득이 1,000만 원을 넘기 때문에 생활이 풍요롭습니다. 또 먹고 사는 문제에서 벗어나 남과 주변을 살피는 여유가 있습니다. 이들은 자신을 가꾸지 않아도 여유와 개성이 느껴집니다.

그럼 어떤 것이 라이프스타일을 결정하는 기준이 될까요? 그것은 바로 '얼마만큼의 소득을 어떻게 만들어내는가?' 입니다. 즉 직업과 수입의 원천이 라이프스타일을 결정하는 것입니다.

다음의 표는 우리가 살아가는 삶의 다섯 가지 유형을 보여줍니다. 세상에는 수많은 사람이 다양한 직업을 갖고 살아가지만 잘 들여다보면 라이프스타일은 이 다섯 가지 안에 다 포함됩니다.

	⌛ 시간	🏛 돈
유형 1	×	×
유형 2	○	×
유형 3	×	○
유형 4	○	○
유형 5	○	○

유형 1

시간도 돈도 충분치 않은 삶입니다. 유형 1의 사람들은 하루 시간 중 여덟 시간 이상, 인생의 3분의 1 이상을 회사에 바치고 월급을 받습니다. 그 월급으로 허용된 만큼만 쓰고 먹으며 살아 갑니다. 취직해서 '안정적인' 삶을 사는 걸 다행스럽게 여기지만 언제나 시간은 부족하고 돈은 충분치 않습니다. 더구나 돈 쓸 일이 가장 많은 40대, 50대에 갑자기 권고사직을 당하면 더 이상 '안정'은 없습니다. 이들은 말합니다.

"나는 정말 바빠! 너무 바빠서 미래를 준비할 시간이 없어!"

유형 2

시간은 넘쳐나지만, 시간을 채울 돈이 없습니다. 유형 2의 사람 중 학생을 제외하고 대개는 실업자들이 여기에 속합니다.

그들의 인생은 정말 피곤합니다. 무엇이든 본인 마음대로 할 수 있는 게 없기 때문이지요. 일명 캥거루족이라고도 하는데, 부모나 사회의 도움이 없으면 살아가기가 힘든 유형입니다. 이들은 말합니다.

"환경이 도와주질 않네. 능력 있고 돈 많은 사람이 부럽다."

유형 3

시간은 없지만, 돈은 많습니다. 유형 3의 사람들은 주로 전문직에 종사하는 사람, 성공한 자영업자가 여기에 속합니다. 의사로 예를 들자면 하루 열 시간 동안 환자를 진료하고 돌보느라 개인적인 자유를 전혀 누리지 못합니다. 식당을 운영하는 사람은 자신이 가게에 없으면 매출이 줄어들까 두려워서 쉬지도 못하고 매일 일합니다. 새벽 골프와 주중 낚시가 그나마 유일한 탈출구입니다. 이들은 많은 돈을 손에 쥐지만 사실 진정한 부자는 그들의 배우자와 자식들입니다. 이들은 말합니다.

"나는 정말 많은 돈을 벌었어. 그런데 쓸 시간이 없네. 가끔 자리 비우는 것도 힘드네. 내가 없으면 이놈의 가게가 돌아가야 말이지. 물 들어올 때 노 저어야지"

유형 4

시간도 많고 돈도 많습니다. 유형 4의 사람들은 금수저를 물고 태어난 부잣집 2세나 부동산 부자들이 여기에 속합니다. 많은 부를 축적해 지속적으로 수입이 들어오기 때문에 쓸 돈도, 누릴 시간도 많습니다. 한데 한 가지 커다란 위험에 직면할 수 있습니다. 그들이 손에 쥔 부는 그들의 부모나 조부모에게 받은 경우가 대부분이기 때문에 지키는 것이 굉장히 중요합니다. 흔히 '부자는 망해도 3대는 간다'고들 하지만 물려받은 재산을 돌보는 기술이 없으면 요즘 같은 시기에 부가 2대를 가기도 벅찹니다. 이들은 말합니다.

"인생 뭐 있어? 이렇게 살다 가는 거지."

유형 5

유형 5의 사람들은 유형 4와 비슷하지만 그 속을 들여다보면 차원이 다릅니다. 정해진 시간에 일하지 않아도 이미 축적한 자산을 통해 계속해서 돈이 들어오기 때문에 이들은 유형 4의 사람들과 같이 시간적, 금전적 자유를 누리며 살아갑니다. 그런데 특별한 차이점은 이들의 유일한 일은 자신과 같은 부자를 계속해서 만들어내는 것뿐입니다. 더 많은 돈을 벌기 위해 자산을 키우는 것이 아닌 자신이 알고 있는 지식과 경험을 부자가 되고 싶어 하는 사람들에게 나눠줍니다. 당연히 많은 사람이 이들을 따르고 기쁨을 함께 나누는 '평생 친구'들이 생깁니다.

유형 4가 고뇌하고 외로운 부자라면 유형 5는 진정으로 '행복한 부자'라고 말할 수 있습니다. 이들은 말합니다.

"모두가 부자가 되어 행복해지는 그날까지 나는 많은 사람과 함께할 거야."

여러분은 어떤 라이프스타일을 원합니까? 모두가 유형 5를 원할 것입니다. 그렇다면 유형 5의 삶을 원하는 사람들에게 네트워크 마케팅 사업은 그야말로 희소식입니다. 네트워크 마케팅 사업은 누구나 '추가적인 소득'을 만들 수 있습니다. 나아가 대기업 회장이 누리는 레버리지도 가질 수 있습니다. 유형 5의 사람들처럼 자신의 성공을 많은 사람과 공유하고 성공을 복제할 수 있습니다.

04 네트워크 마케팅의 **보상과 가치**

01. **네트워크 마케팅 보상의 이해**

네트워크 마케팅에서는 전문 세일즈맨이 아니어도 누구나 유통의 역할을 수행해 소득(보상)을 창출할 수 있습니다.

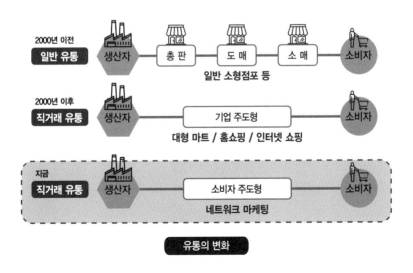

유통의 변화

생산자의 손을 떠난 제품이 소비자에게로 가는 중간에는 여러 유통 단계(총판, 도매, 소매)가 있는데, 지금의 유통 단계는 전문 유통인이 아닌 일반 소비자가 참여하는 것입니다. 앞의 그림을 보면 이해가 빠를 겁니다.

네트워크 마케팅 사업은 만 20세의 성인이면 누구나 네트워크 마케팅 회사(생산자)와 소비자 사이에서 제품에 대한 입소문(제품 정보)을 내고 제품이 팔려나갈 때마다 보상을 받습니다.

이해를 돕기 위해 풀어서 설명해 보겠습니다. 소비자가 네트워크 마케팅 회사의 제품을 사용해 보고 만족하면 그 사용 경험을 주변 사람들에게 자랑합니다. 직접 만나거나 자신의 블로그, 영상을 활용합니다. 그러면 그 소비자를 신뢰하는 주변 사람들이 제품을 사용하게 되는데 이때 네트워크 마케팅 회사는 입소문 광고 대가로 현금 캐시백을 지급합니다.

소비자는 할인가(회원가)로 제품을 싸게 살 수 있으며, 한 명이라도 입소문을 내면 그때부터 현금 캐시백이 발생합니다. 네트워크 마케팅 사업의 매력은 포인트가 아닌 현금소득이 창출되며 노력한 만큼 현금소득이 많아진다는 데 있습니다. 나아가 그 보상은 지속적이고 안정적입니다. 이를 전문용어로 '후원수당'이라고 합니다.

네트워크 마케팅 회사가 제공하는 제품은 독특하고 품질이 뛰어나기 때문에 마니아 소비자들이 꽤 많습니다. 이들은 사업 진행과 상관없이 네트워크 마케팅 회사의 제품을 지속적으로 사용합니다. 즉, 일반 제품과 확실한 차이를 알기 때문에 가성비 좋은 네트워크 마케팅 제품을 매달 구매합니다. 만약 이런 소비자를 한 명 이상 확보하면 여러분은 곧바로 현금 캐시백을 받습니다. 이것이 바로 매달 안정적으로 들어오는 보상 원리입니다. 이러한 마니아 소비자를 많이 만들수록 보상은 무한대로 늘어납니다.

이 얼마나 합리적이고 효율적인 직거래 유통입니까? 네트워크 마케팅 제품 대부분은 누구나 사용하는 생활용품이기 때문에 네트워크 마케팅 사업의 보상을 이해하는 현명한 소비자라면 반드시 소비 패턴(브랜드 체인지)을 바꿀 것입니다.

지금은 생소할 수 있지만 네트워크 마케팅 사업의 보상에도 일정한 법칙이 있습니다. 여러분이 이 법칙을 이해한다면 사업 진입이 쉽고 진행할 때 시행착오를 많이 줄일 수 있을 것입니다.

여기 1초에 한 마리씩 번식하는 박테리아가 있다고 해봅시다. 박테리아가 아래 그림의 면적을 가득 채우는 데 10초가 걸린다면 그 면적의 절반을 채우는 데는 몇 초가 걸릴까요?

답은 '9초'입니다.

전체를 채우는 데 10초가 걸리고 절반을 채우는 데는 1초가 걸린다는 얘기입니다. 그럼 5초 전에는 어느 정도 크기였을까요?

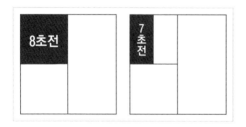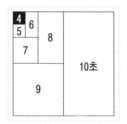

그림에서 8초 전과 7초 전의 크기를 보십시오. 그러면 5초 전의 크기를 알 수 있을 것입니다. 4초일 때는 진한 네모 정도의 크기지만 불과 6초 만에 기하급수적으로 늘어난 박테리아는

10초 뒤에 74배로 증가합니다. 바로 이것이 '복제' 시스템의
엄청난 위력입니다.

네트워크 마케팅 사업의 핵심은 복제에 있습니다. 세상의 많
은 사람이 이 복제의 원리를 모르기 때문에 혼자 일해서 돈을 법
니다. 그러나 네트워크 마케팅 사업은 내가 일을 하고 그 일하
는 방식을 복제하면 복제에 대한 대가로 보상을 받습니다. 처음
에는 나 혼자 물건을 유통하기 때문에 작은 보상을 받지만 유통
방식을 복제하면 어느 순간 함께하는 소비자가 기하급수적으로
늘어납니다. 따라서 내가 하는 일을 다른 사람에게 빨리 복제
하는 것이 네트워크 마케팅 사업에서 성공하는 지름길입니다.

보상의 법칙 2 후원의 법칙

많은 사람이 네트워크 마케팅을 세일즈라고 생각합니다. 그
래서 물건을 많이, 잘 파는 것이 중요하다고 여깁니다. 이런 탓에
초기 사업자가 범하는 오류 중 하나가 시스템에 합류하지 않고
물건만 팔러 다니는 것입니다. 그러나 성공자(스폰서)는 교육
프로그램에 집중할 것을 강조합니다. 우리는 그 이유가 무엇인
지 잘 생각해 봐야 합니다.

여기서 질문을 하나 하겠습니다.

"오늘 두 가지 중요한 일이 있습니다. 하나는 가망 소비자와 미팅이고 다른 하나는 회사의 중요한 행사입니다. 여러분이라면 어디로 가겠습니까?"

이러한 갈림길에서 성공자와 초기 사업자의 생각과 행동은 커다란 차이가 있습니다. 성공자는 분명 행사에 참석하라고 권할 것입니다. 하지만 초기 사업자의 마음은 가망 소비자에게 가 있습니다.

물론 사업 초기에는 안정적인 매출을 위해 소비자(유통망)를 만드는 것이 매우 중요합니다. 그렇지만 여기서 하나 더 생각해야 할 것이 마니아 소비자를 만드는 방법입니다. 소비자를 만나 물건만 팔면 매일 소비자를 찾아 나서야 합니다. 대부분 소비자는 자신에게 제품을 맞추기 때문입니다. 이렇게 해서 큰 보상을 받을 수 있다면 성공자도 그렇게 하라고 권할 것입니다. 그러나 네트워크 마케팅 사업은 열 명의 소비자보다 한 명의 마니아 소비자가 더 중요합니다. 어떻게 하면 일반 소비자를 마니아로 만들 수 있을까요? 그것은 교육밖에 없습니다. 내가 교육 프로그램에 합류해 제품과 사업의 전문가가 됩니다. 네트워크 마케팅 제품으로 변화된 나의 모습과 삶을 잘 정리해서 가망 소비자에게 잘 전달할 수 있는 방법을 배웁니다. 그리고 그들도 나와 같이 교육 프로그램을 통해 변화할 수 있게 그들도 그 자리에 초대합니다.

교육 프로그램은 평범했던 사람이 모습이 변하고, 인생을 바꿀 수 있는 기회이자 출발점입니다.

따라서 일반 소비자가 마니아 소비자가 되고 마니아 소비자가 사업전문가가 되며 이는 곧 사업 성공의 지름길입니다.

빨리 마니아를 만들어 안정적인 보상을 받는 데 집중하십시오.

네트워크 마케팅 사업에서 최고의 마니아는 사업자입니다. 네트워크 마케팅 사업자는 결국 마니아 사업자를 만드는 일을 하는 것입니다. 마니아 사업자에게는 마니아 소비자가 있고 마니아 소비자는 일반 소비자를 이끕니다. 그리고 이들을 효과적으로 관리하고 키우는 것은 교육 후원입니다.

예를 들어 일반 소비자에게 제품을 전달하면 한 번의 판매로 끝날 수도 있지만, 지속적인 제품 교육을 통해 마니아로 거듭나게 됩니다. 나아가 사업을 후원할 때에는 큰 비전을 품은 마니아 사업가로 성장합니다. 그래서 네트워크 마케팅 보상을 '후원수당'이라고 하는 것입니다. 여러분이 교육을 통해 후원을 잘할수록 여러분의 보상은 극대화될 것입니다.

02. 네트워크 마케팅 보상의 가치

네트워크 마케팅 사업은 '파이프라인 구축' 사업입니다. 파이프라인의 수도꼭지를 틀면 언제든 물이 흘러나옵니다. 파이프라인이 없을 경우 물을 구하려면 강에 가서 직접 물을 퍼 와야 하지만 파이프라인을 설치하면 언제라도 물을 구할 수 있습니다. 여기서 물은 수입이며 파이프라인은 수입을 만드는 시스템입니다. 결국 우리가 평생 안정적인 수입을 얻으려면 파이프라인 시스템을 구축해야 합니다.

네트워크 마케팅 사업에서는 소비자 유통망을 이러한 파이프라인에 비유합니다. 만약 소비자 유통망이 없으면 여러분은 매일, 매달 제품을 구매할 사람을 찾아다녀야 합니다. 이런 식으로는 보상이 적고 또 사업이 불안정합니다. 반면 매달 소비자를 차곡차곡 만들고 교육 후원을 통해 그들을 마니아로 만들면 안정적이고 많은 보상을 받을 수 있습니다. 이렇게 유통망을 넓혀가는 것이 곧 파이프라인을 구축하여 견고한 시스템을 만드는 일입니다.

여러분이 잠을 자거나 가족과 즐거운 시간을 보낼 때 또는 아프거나 일을 못 할 때도 파이프라인 유통망은 여러분에게 지속적인 수입을 보장합니다. 나아가 그 보상은 여러분이 소망하는 일과 꿈을 이루게 해줍니다. 그러므로 매달 제품이 팔려나가는 유통 파이프라인을 구축하는 데 집중하십시오.

유통 파이프라인은 여러분의 소중한 자산입니다. 과거에 자산은 눈에 보이는 땅, 공장, 가게, 집이었습니다. 그러나 시대가 변하고 가치가 달라지면서 이제 무형의 자산이 중요한 시대가 되었습니다. 대표적인 무형 자산이 바로 이자, 인세, 로열티 등입니다. 유통 파이프라인은 바로 로열티에 해당합니다. 매달 제품을 지속적으로 사용하는 마니아, 그러한 마니아가 있는 사업자를 구축하는 것이 여러분의 무형 자산을 만드는 것입니다.

혹자는 네트워크 마케팅 사업을 두고 월 1억 원도 벌 수 있는 빅 비즈니스라고 말합니다. 이는 네트워크 마케팅 사업이 단순히 돈을 버는 데 그치지 않고 자산을 만드는 일이기 때문에 가능한 일입니다. 회원을 구축하고 사업자가 되어 나와 같은 사업자를 배출하는 것은 자산을 구축하는 일과 같습니다. 이 점을 꼭 기억해야 합니다. 생각해 보십시오. 비타민제나 치약 하나 팔아서 어떻게 한 달에 1억 원을 벌 수 있겠습니까?

네트워크 마케팅 사업은 단순히 물건 파는 장사가 아닙니다. 부동산 못지않은 큰 자산을 만드는 사업입니다.

내가 만든 소비자 유통망은 나만의 큰 자산이자 원하는 소득을 가져다주는 '알라딘의 요술 램프'입니다. 그럼 자산의 가치에 대해 한번 생각해 봅시다.

예나 지금이나 많은 사람이 꿈꾸는 소득 시스템은 '내 건물'을 갖는 것입니다. 건물 하나만 있으면 인생에서 걱정할 게 없다고 생각할 정도니, 건물을 가진 사람이 부러움의 대상인 것도 예전과 똑같습니다. 건물에서 꾸준히 나오는 '임대 소득'은 하나의 자산으로 삶의 안정에 커다란 힘이 됩니다. 작은 오피스텔 한 채만 있어도 매달 수십만 원의 임대 소득(권리 소득)이 나옵니다.

그럼 5억 원을 투자해 작은 원룸을 하나 구매했다고 해봅시다. 관건은 5억 원을 어떻게 준비할 것인가에 있습니다. 은행 대출을 끼고 원룸을 구매해도 5억 원을 투자해 평균 40~50만 원의 수익을 올리므로 괜찮은 편입니다. 그러나 대출을 받아 투자했으니 은행 이자를 내야 하고 부동산 중개료와 이런저런 경비도 제해야 하므로 진짜 소득은 얼마 되지 않습니다. 5억 원을 투자해 작은 소득이라도 생기는 게 만족스러운가요? 결국 대출을 받아 작은 오피스텔이라도 구매하는 것은 미래 시세차익을 고려한 것이지 당장은 그리 큰돈은 아닐 겁니다. 이는 노후를 준비하거나 노후 자금으로 사용하기에 턱없이 부족한 금액이죠.

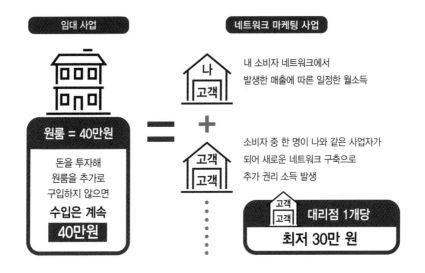

임대 사업

네트워크 마케팅 사업

원룸 = 40만원

돈을 투자해
원룸을 추가로
구입하지 않으면

수입은 계속
40만원

=

+

나
고객

내 소비자 네트워크에서
발생한 매출에 따른 일정한 월소득

고객
고객

소비자 중 한 명이 나와 같은 사업자가
되어 새로운 네트워크 구축으로
추가 권리 소득 발생

고객
고객 대리점 1개당
최저 30만 원

그런데 만약 5억 원을 투자하지 않고 임대 소득을 벌 수 있다면 어떨까요? 이런 일이 가능하다면 아주 좋은 기회라고 할 수 있지요. 바로 이것이 네트워크 마케팅 사업의 보상이자 가치입니다. 5억 원을 대출받아 부동산에 투자하는 대신 여러분의 시간과 열정을 투자해 유통망을 만드십시오. 더 좋은 것은 여러분이 열심히 사업을 진행하면 네트워크 마케팅 회사와 추천인(스폰서)이 함께 도와준다는 점입니다.

만약 여러분이 15~20명의 마니아 소비자를 만들면 80~100만 원의 보상을 받는다고 해봅시다. 이것은 은행에 5억 원을 저축해서 받는 이자와 같고 시가 5억 원 정도의 오피스텔을 소유한 것이나 마찬가지입니다. 결국 여러분이 15~20명의 마니아 소비자가 있는 대리점을 하나씩 분양할 때마다 5억 원 정도의 오피스텔을 한 채씩 사는 것과 같습니다.

아마 당장은 실감이 나지 않을 것입니다. 왜냐하면 이것은 무형 자산의 힘이기 때문입니다. 그러나 믿으면 그만한 보상을 받습 니다. 이미 네트워크 마케팅 사업의 많은 성공자가 이 같은 보 상을 받고 있습니다.

05 네트워크 마케팅 보상 실전

01. 네트워크를 이용한 마케팅

"네트워크 마케팅은 레버리지 게임이다"

이 말은 네트워크 마케팅은 레버리지 효과를 발휘하여 더 많은 보상을 받을 수 있다는 뜻입니다. 누구나 아는 바와 같이 레버리지(Leverage)는 번역하면 '지렛대의 힘'입니다. 즉 지렛대를 이용하면 실제 힘보다 몇 배 무거운 물건을 움직일 수 있다는 뜻이죠.

네트워크 마케팅 사업에서 이런 레버리지는 보상을 극대화하는 아주 중요한 요소입니다.

자 그럼 레버리지 게임을 해 보겠습니다.

구분	1월	2월	3월	4월	5월	6월	7월	8월	9월	10월	11월	12월	합계
세일즈	1	1	1	1	1	1	1	1	1	1	1	1	**12**
네트워크 마케팅	1	2	4	8	16	32	64	128	256	512	1024	2048	**4096**

위의 표는 1년 동안, 세일즈와 네트워크 마케팅을 했을 경우, 둘의 소비자 구축 비교표입니다. 만약 세일즈를 한다고 가정해 봅시다. 세일즈는 일반적으로 혼자 합니다. 1월도 나 혼자, 2월 도 나 혼자, 이렇게 12개월을 혼자 일합니다. 결국 12월에 12 명의 소비자 유통망을 구축했습니다. 하지만 네트워크 마케팅 은 앞에서도 말했듯이 레버리지 효과를 톡톡히 누릴 수 있습니 다. 쉽게 말해 나와 같은 소비자 또는 나와 같은 사업자를 만들 어 그 숫자가 순식간에 늘어납니다. 1월에는 네트워크 마케팅 을 나 혼자 시작합니다. 제품을 잘 써보고 감동을 받자 지인에 게 알립니다. 2월에는 주변 지인 1명이 나와 함께 제품을 사용 합니다. 그리고 그 사람도 나와 같은 방법으로 주변 지인에게 알 립니다. 이렇게 나와 매달 새롭게 합류한 사람들이 함께 제품 정 보와 사업을 알리자 12월이 되니 4,096명이 됩니다.

이렇게 1년을 통틀어 세일즈는 12명의 소비자가 함께하지만 네트워크 마케팅은 세일즈의 약 3,400배 이상인 4,096명이 함께 합니다. 세일즈와 네트워크 마케팅 모두 매달 1명씩의 신규를 발굴했는데 이 얼마나 놀라운 차이입니까?

이것이 바로 네트워크 마케팅의 레버리지 게임입니다.

그럼 아래 그림을 활용해서 더 쉽게 설명해 드리겠습니다.

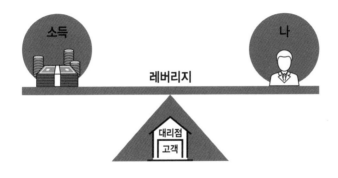

위의 이미지는 레버리지의 원리를 이해하기 쉽게 표현한 것입니다.

지렛대 왼편에는 보상이 있고 오른편에는 내가 있습니다. 이때 레버리지는 중앙에 삼각형 모양의 지축 돌과 연관이 있습니다.

① 나만 제품을 사용할 때 보상

나 혼자 제품을 구매할 경우에는 중앙에 지축 돌인 소비자(또는 사업자)가 없는 경우입니다. 이런 경우에는 나는 제품을 할인가에 사용하며 추가적인 보상(현금 캐시백)은 없습니다.

② 나와 함께 하는 소비자 또는 사업자가 있을 때 보상

나와 같은 소비자 또는 사업자가 있다는 것은 지렛대 중심에 내가 구축한 소비자 또는 사업자가 있다는 것입니다. 그럼 그 지축 돌이 레버리지 역할을 하여 왼쪽의 보상을 들어 올릴 수 있습니다.

만약 더 큰 보상을 받고 싶다면 간단합니다. 지렛대 중앙의 지축 돌인 소비자 또는 사업자를 늘린다면 더 큰 보상을 받을 수 있습니다.

네트워크 마케팅은 말 그대로 나를 중심으로 여러 사람이 네트워크를 구축해 제품을 공동 구매하는 것입니다. 나 혼자서는 어떤 일도 벌어지지 않지만 네트워크를 구축하면 레버리지의 효과로 엄청난 일이 일어납니다. 작게는 현금 캐시백, 크게는 인생을 바꿀 기회를 만날 수 있습니다.

아래 그림처럼 네트워크 마케팅과 다단계, 피라미드는 엄연히 다른 구조입니다. 여러분이 진정 레버리지 효과를 통해 그물망처럼 촘촘한 네트워크를 구축한다면 더 큰 보상과 행복한 미래를 준비할 수 있습니다.

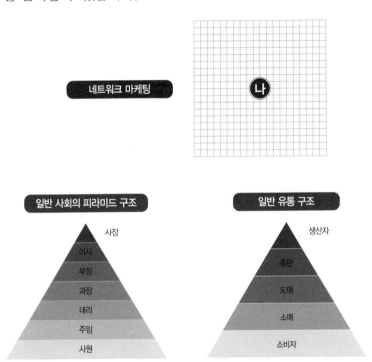

02. 일반 캐시백과 네트워크 마케팅 캐시백

네트워크 마케팅은 소비자들에게 현금 캐시백을 줍니다. 그러면 일반 캐시백과 어떤 차이가 있을까요?

캐시백이 가장 많이 활용되는 것은 '신용카드'입니다. 일반 유통에서 주로 사용되는 신용카드는 그 종류와 혜택이 매우 다양합니다. 그 많은 혜택 중에 반드시 들어가는 사항이 '포인트 적립'입니다.

이것은 내가 카드로 결제하면 카드사가 정한 일정 비율대로 소비 금액 중 일부를 포인트로 적립해 주는 것으로 카드사가 정한 곳에서 현금처럼 사용할 수 있습니다. 이 포인트 적립은 소비자에게 일석이조(一石二鳥)의 효과를 주기 때문에 신용카드를 신청할 때 중요한 선택 조건 중 하나입니다. 이러한 신용카드 포인트 적립과 네트워크 마케팅의 캐시백을 비교해 봅시다. 아마도 이 비교를 통해 여러분은 네트워크 마케팅 보상에 큰 매력을 느끼실 겁니다.

첫째, 신용카드는 카드 사용 시 포인트가 적립되지만 네트워크 마케팅에서는 내가 제품을 구매하지 않아도 입소문을 내 제품이 팔려나갈 때 현금 캐시백을 받습니다. 포인트를 소득이라고 한다면 신용카드를 소지하지 않은 사람은 당연히 소득이 없으며, 돈이 있어야 돈을 쓰면서 포인트를 받을 수 있습니다. 반면 네트워크 마케팅은 돈이 있고 없음과 상관없이 '직접 사용해 본 제품을 얼마나 많이 입소문을 내느냐'가 캐시백(소득)의 크기를 결정합니다.

둘째, 신용카드는 사용 금액의 평균 0.5~1%를 적립해 줍니다. 예를 들어 카드로 50만 원을 결제했을 때 그 1%인 5,000원을 적립해 줍니다. 소비자는 이 포인트를 카드사가 정한 곳에서 현금처럼 사용할 수 있습니다. 이러한 포인트 적립금을 사용하면 기분이 좋지만 한 가지 생각해야 할 것이 있습니다. 그것은 일반인들이 대부분 할부로 결제를 한다는 점입니다. 따라서 신용카드를 쓸 때는 포인트만큼 할부 이자도 늘어날 수 있습니다.

네트워크 마케팅에서는 신용카드 포인트보다 많은 평균 5%의 현금 캐시백을 받습니다. 이것은 회사가 정한 날짜에 소비자가 등록한 통장으로 입금됩니다. 이렇게 입금된 현금은 어디서든 원할 때 사용할 수 있습니다. 예를 들면 본인이 직접 입소문을 낸 소비자가 회원가입 후 50만 원어치 제품을 구매하면 제품 금액의 약 5%인 2만 5,000원이 다음 달 정한 날짜에 통장으로 자동 입금됩니다. 이 돈은 바로 사용하시면 됩니다.

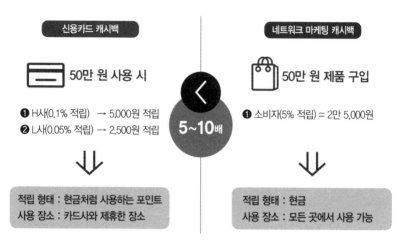

신용카드는 본인이 사용할 때마다 약 1%의 포인트가 적립되지만, 네트워크 마케팅에서는 본인이 입소문을 내서 제품이 팔려 나갈 때마다 약 5%의 현금 캐시백이 본인의 통장으로 들어옵니다.

신용카드를 사용해서 쌓은 적립금을 지정된 장소에서만 사용하는 것과 현금을 받아 어디서든 소비하는 것 중에 여러분은 어떤 것이 좋은가요? 1~2%의 차이도 소비 금액이 늘어나면 큰 금액이 됩니다. 그래서 소비자들이 현금 캐시백을 환영하는 것입니다.

03. 프랜차이즈와 네트워크 마케팅 창업의 차이

권리 소득이란 권리가 있는 소득으로 이자, 배당금, 인세, 로열티, 임대료 등이 여기에 속합니다. 일반인이 말하는 권리 소득은 일하지 않아도 돈을 버는 시스템을 통해 꾸준히 들어오는 소득을 말합니다. 그렇다면 각각의 권리 소득은 어떤 일의 대가로 받는 것일까요?

- ☑ 이자 : 은행에 예금을 하고 정기적으로 받는다.
- ☑ 배당금 : 주식에 투자해 이익이 발생하면 받는다.
- ☑ 인세 : 책이나 음악을 만든 뒤 팔려 나갈 때마다 받는다.
- ☑ 로열티 : 프랜차이즈 운영으로 각 대리점에서 매출의 일정 부분을 받는다.
- ☑ 임대료 : 건물을 사서 임대해 받는다.

이러한 권리 소득의 종류는 매우 다양하지만, 여기에는 공통점이 있습니다. 그것은 권리 소득을 갖기 위해 능력이 필요하다는 것입니다. 가령 돈을 버는 능력, 글을 잘 쓰는 능력, 사업을 잘하는 능력, 부동산을 살 수 있는 능력 등이 필요합니다.

사실 갈수록 개인의 능력이 중요해지고 있습니다. 능력이 뛰어나면 권리 소득을 매달 수백만 원에서 수천만 원까지, 심지어 억대도 받을 수 있습니다. 하지만 권리 소득은 특별한 사람들만의 특권으로 일반 사람에겐 꿈일지도 모릅니다. 그 흉내라도 내보려고 주식에 투자하는 개미들도 있지만 실제로 돈을 버는 사람은 많지 않습니다.

그런데 능력이 탁월하지도 않고 부자도 아닌데 권리 소득을 받는 사람들이 있습니다. 바로 네트워크 마케팅 회사와 함께하는 사람들입니다. 네트워크 마케팅 회사는 일반인에게 제품 유통권을 위임하고 그들이 유통망을 만들거나 분양하면 로열티 소득을 가질 수 있게 해줍니다.

다시 한번 정리하자면 제품이 팔려나가는 유통 시스템을 만들면 그것이 곧 로열티를 만들어냅니다. 이 시스템은 일단 만들기만 하면 누구에게나 지속적으로 유지 및 증가하는 소득을 가져다줍니다. 이 때문에 평범한 사람에게도 네트워크 마케팅은 비전 있는 엄청난 사업 기회라고 말하는 이유입니다.

일반적으로 네트워크 마케팅 보상을 프랜차이즈 로열티와 비슷하다고 합니다. 이는 둘 다 돈 버는 시스템을 만들기 때문입니다. 한데 일반인은 직접 프랜차이즈를 만들기 어려워 프랜차이즈 대리점을 창업합니다. 프랜차이즈 시스템을 통해 안정적인 소득을 올릴 수 있을 거라는 기대 때문이죠. 그런데 프랜차이즈 대리점과 네트워크 마케팅 창업을 비교해 보면 엄청난 차이가 있음을 알 수 있습니다.

일반 프랜차이즈 대리점을 창업할 때는 목돈이 필요합니다. 그리고 개업 후에는 안정적인 소득을 위해 아주 열심히 일해야 합니다. 일반 프랜차이즈와 네트워크 마케팅 둘 다 시간, 노력이 똑같이 필요하지만, 그 결과는 완전히 다릅니다.

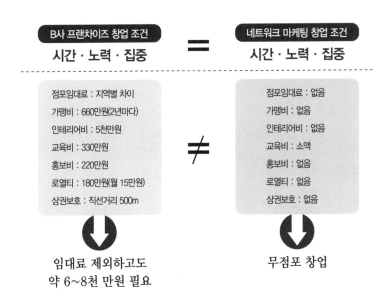

① 투자

일반 프랜차이즈는 지속적인 투자가 필수적입니다. 우선 점포를 구해야 하고 판매할 제품과 판매 직원이 있어야 합니다. 이는 돈을 벌기 위해 선 투자해야 하며, 심지어 정기적으로 인테리어

리뉴얼 비용도 들어갑니다. 반면 네트워크 마케팅은 큰 투자가 필요 없습니다. 점포를 구하거나 재고를 떠안을 필요도 없지요. 혹자는 네트워크 마케팅도 자신의 미용과 건강을 위해 돈을 투자한다고 하지만 이것은 어차피 사용할 제품을 사는 것으로 엄연히 투자가 아닌 단순 소비입니다.

② 소비자

일반 프랜차이즈에서는 소비자가 많아야 큰돈을 벌 수 있습니다. 가령 치킨 가게라면 하루에 평균 50마리 정도는 닭을 팔아야 합니다. 치킨 한 마리를 2만 원이라고 가정하면 50마리를 팔았을 때 하루에 100만 원의 매출이 납니다. 이것을 한 달(30일)로 계산하면 약 3,000만 원의 매출이 발생하지요. 이것을 고스란히 소득으로 가져간다면 얼마나 좋겠습니까? 그러나 이 금액에서 임대료, 재료비와 인건비, 전기세, 가스비 등을 제하면 주인은 평균 300~400만 원의 수익을 가져갑니다. 한마디로 죽을 만큼 일하고 죽지 않을 만큼만 돈을 벌어가는 셈입니다. 그렇지만 타사 치킨 프랜차이즈 대리점이 우후죽순 생기는 현실에서 이마저도 쉽지 않으며 경쟁은 곧 생존입니다. 더 많은 소비자를 만드는 게 현실적으로 매우 어려운 실정입니다.

여하튼 프랜차이즈 대리점은 소비자가 많아야 소득이 많아집니다.

이에 비해 네트워크 마케팅은 일반 프랜차이즈처럼 많은 소비자가 필요치 않습니다. 네트워크 마케팅 회사가 규정하는 소수의 마니아 소비자만 있으면 됩니다. 이들 마니아는 매달 스스로 알아서 재구매(정기 소비)를 하기 때문에 불특정 다수를 대상으로 하는 프랜차이즈에 비해 고객 충성도가 매우 뛰어납니다. 이처럼 자동 매출이 발생하는 구조이므로 많은 소비자가 필요하지 않은 것입니다. 여기서 발생하는 자동 매출이 권리 소득의 출발입니다.

③ 일

일반 프랜차이즈 대리점의 사장이 투자하는 시간과 노력은 네트워크 마케팅 사업을 하는 사장보다 몇 배 더 많습니다. 매년 최저임금이 오르고 경쟁은 더 치열해지면서 인건비라도 아껴야 그나마 기대하는 만큼의 돈을 벌 수 있기 때문입니다.

그래서 이들은 가족과 함께 많은 시간을 가게에서 보내며 직원보다 더 다양한 일을 합니다. 심지어 더 많은 돈을 벌기 위해 음식을 직접 만들거나 배달까지 합니다. 만약 이런 일을 피하고 싶다면 더 많은 돈을 투자하는 방법밖에 없습니다. 이것은 누구에게나 쉽지 않은 일이지요. 특히 요즘처럼 심각한 경제 상황에서는 금전적 투자는 쉽지 않은 결정입니다.

이와 달리 네트워크 마케팅을 하는 사장은 일반 프랜차이즈 사장보다 하는 일이 단순합니다. 원하는 제품을 사용하고 감동받은 제품이나 사업 정보를 많은 사람에게 알리는 것이 전부입니다. 물론 처음에는 이 일에 익숙하지 않으므로 추천인(스폰서)의 도움을 받습니다. 그러나 하는 일이 단순하고 항상 팀과 함께 움직이기 때문에 일반 프랜차이즈에 비하면 스트레스가 크지 않습니다. 여기에다 회사(또는 추천인)와 유통 계약을 맺은 윈윈 관계이므로 함께 협력합니다. 이것은 명확한 구조적 차이입니다.

④ 소득

일반 프랜차이즈 대리점은 매달 소득이 불안정하지만 네트워크 마케팅에서는 매달 안정적인 권리 소득을 만들 수 있습니다. 요즘에는 일반 프랜차이즈 대리점도 고정적인 매출을 올리기 위해 회원제를 도입하고 있습니다. 그러나 동종업계에 많은 점포가 있기 때문에 소비자들은 어느 한 가게에 충성하지 않습니다. 또한 지역적인 상권 제약으로 매달 상황에 따라 매출이 들쑥날쑥합니다.

네트워크 마케팅 사업에서는 마니아 소비자를 만들 때 소득의 불안정성을 해소할 수 있습니다. 더구나 철저한 회원제로 운영하며 개인 코드가 있기 때문에 지역에 상관없이 제품 구매가 가능합니다. 따라서 충성도 높은 마니아 소비자가 매달 안정적인 매출을 보장합니다.

어떤 사람은 노후에 매달 200만 원을 받기 위해 30년 정도를 50만 원씩 저축합니다. 이런 사람들보다 더 현명한 사람은 네트워크 마케팅 사업을 통해 유통망을 구축하는 사람입니다.

마니아 소비자 몇 명을 만들고 사업자(무점포 대리점) 몇 명을 만드느냐에 따라 30년 후 받을 연금을 지금 당장 받을 수도 있습니다.

눈앞에 보이는 현금 소득보다 미래가 행복한 자산 소득에 집중해야 합니다. 같은 시간과 열정을 쏟아도 어디에 집중하느냐에 따라 인생이 완전히 바뀔 수 있습니다.

선택과 집중이 그 어느 때보다 중요한 시대입니다.

04. 임대 소득과 네트워크 마케팅 사업의 소득 비교

누구나 갖고 싶어 하는 부동산(임대 소득) 역시 일반적인 권리 소득입니다. 많은 사람이 건물이나 상가를 갖고 싶어 하는 이유는 '월세'라는 안정적인 소득이 매달 들어오기 때문입니다.

그렇다면 현금으로 건물을 구매하는 사람이 과연 몇 명이나 있을까요? 대개는 악착같이 몇천만 원의 계약금만 모은 다음 나머지는 대출받아 건물을 삽니다. 그리고 계약서에 도장을 찍은 후 매달 들어올 소득만 생각합니다. 하지만 현실은 냉정합니다. 막상 건물이 내 것이 되는 순간부터 미처 생각지 못한 일이 발생합니다.

첫째, 매달 월세 소득이 들어오지만 대출 이자도 내야 합니다. 계약금보다 훨씬 많은 금액을 대출받았기에 이런 현실은 당연한 대가지불입니다.

건물이 온전히 내 소유가 되기 위해선 기존에 들어오던 수입이 단절되면 절대로 안됩니다. 오히려 대출금을 갚기 위해 돈 버는 일에 더욱더 집중해야 합니다. 처음에는 적은 투자 금액이 장점이었지만 많은 대출 금액이 오히려 족쇄가 됩니다. 다니는 직장이나 사업을 그만두거나 상황이 안 좋아지면 건물을 팔아야 할지도 모릅니다. 그러면 순식간에 권리 소득은 사라집니다. 항상 불안할 수밖에 없는 구조지요.

반면 네트워크 마케팅 사업은 소비자 유통망을 구축하면 월세 못지않은 평생 권리 소득을 받을 수 있습니다. 계약금 이상의 큰 투자도 필요 없으며 금전적인 압박도 받지 않습니다. 오히려 건물을 사는데 필요한 몇천만 원을 만드는 노력으로 열심히 제품을 사용하고 제품 정보를 주변에 알리면 월세보다 더 큰 소득이 가능합니다.

잘 생각해 보십시오. 한 달에 30~50만 원의 권리 소득을 벌기 위해 7~8억짜리 오피스텔을 사는것이 빠르겠습니까. 아니면 네트워크 마케팅 회사가 규정한 소비자 유통망을 만들어 한 달에 30~50만 원의 권리 소득을 버는 것이 빠르겠습니까?

후자의 방법을 알게 되면 결론은 네트워크 마케팅일 것입니다.

둘째, 임대소득에 비해 네트워크 마케팅 소득은 진입장벽이 낮고 소득의 크기도 훨씬 큽니다.

일반적으로 많은 사람이 임대소득을 꿈꾸는 데는 평범한 사람도 돈만 있으면 건물주가 되어 안정적인 임대소득을 받을 수 있기 때문입니다. 그런데 평범한 사람이 쉽게 진입할 수 있는 수준이 아니라는 것이 문제입니다. 아무리 못해도 건물은 수십억에서 수백억 원을 호가할 것이며 이 돈은 운이 따르지 않으면 평생을 모아도 절대 모을 수 없을 것입니다. 이는 곧 평범한 사람들에게 높은 진입장벽으로 작용합니다. 과연 얼마나 많은 사람이 이 과정을 이겨내고 건물주가 될 수 있을까요?

이에 반해 네트워크 마케팅 사업은 진입장벽이 상당히 낮은 편입니다. 우리나라 만 20세 이상이면 누구나 시작할 수 있으며 많은 인내의 시간도 큰 투자금도 필요치 않습니다.

그러면 왜 이런 차이가 있을까를 생각해 봅시다.

임대소득의 필수조건은 돈입니다. 돈이 있어야 건물을 사고 그 건물을 통해서 임대소득이 발생합니다. 그런데 네트워크 마케팅의 필수조건은 돈이 아닌 시간입니다. 사업을 배우고 유통망을 키우는 데 가장 필요한 시간을 투자하면 네트워크 마케팅 소득이 발생합니다. 똑같이 안정적인 소득을 만들 수 있지만 이 둘은 필수 조건이 다르기 때문에 진입장벽 높낮이가 다른 것입니다.

소득의 크기에서도 임대소득과 네트워크 마케팅 소득은 큰 차이가 있습니다. 위치 좋은 곳에 있는 건물은 임대료가 비쌉니다. 하지만 신축 건물이라도 주변 환경이 좋지 않으면 임대료가 쌉니다. 이는 시세에 따라 임대료가 결정되기 때문에 그 소득의 크기는 상당히 제한적일 수밖에 없습니다. 그렇다면 네트워크 마케팅 소득은 어떨까요?

결론부터 말하자면 그 소득의 크기는 내가 원하는 소득 이상입니다. 감히 무한대라고도 표현할 수 있습니다.

네트워크 마케팅의 소득구조는 수학 공식처럼 잘 짜여 있기 때문에 잘 짜여진 규칙에 따라 유통망을 확장시킨다면 소득은 지속적으로 커집니다.

네트워크 마케팅은 누구나 원하는 만큼의 소득을 창출할 수 있습니다. 무엇보다 광고없이 누구에게나 똑같은 금액에 판매하기 때문에 기회가 균등하며, 늦게 시작해도 열심히 하면 먼저 시작한 사람보다 더 큰 소득을 창출할 수 있습니다. 특히 입소문을 많이 낸 사람이 더 많은 소득을 가져가며 개인 능력보다 팀워크를 잘 활용해 소비자 네트워크를 잘 만드는 사람이 크게 성공합니다.

기회가 균등하고 소득 역전이 가능한 정직한 네트워크 마케팅 사업은 많은 사람의 인생을 바꿔줄 최고의 사업 기회입니다. 좀더 꼼꼼히 검토하고 가능하면 빨리 시작하십시오. 짧은 시간 안에 인생 역전할 수 있습니다. 지금은 네트워크 시대이고 네트워크 마케팅 사업은 우리의 미래를 밝게 해줄 것입니다.

이 책을 마치며

지금까지 네트워크 마케팅 사업과 그 보상의 세계를 살펴보았습니다. 분명한 사실은 네트워크 마케팅 사업의 보상을 알아보고 사업에 동참한 사람이 증가하고 있으며, 지금 이 순간에도 수많은 성공자가 탄생하고 있다는 것입니다.

건전한 네트워크 마케팅 회사는 회사, 제품, 보상플랜이 모두 균형을 이루고 있습니다. 이런 회사를 만난다면 그 회사의 마케팅 전문가가 되십시오. 빠른 성공이 보장될 것입니다.

마지막으로 정리하자면

▶ 네트워크 마케팅은 세계적으로 검증된 신유통 시스템입니다.
▶ 큰 투자 없이 소비자 유통망 구축으로 부자가 되는 시스템입니다.
▶ 안정적이고 유지 및 증가하는 권리 소득 시스템입니다.

따라서

▶ 정확히 이해하고 빠르게 행동하고, 시간과 열정을 투자하며, 혼자가 아닌 스폰서(선임 사업자)와 팀이 함께 합니다.

지금까지 이 책을 읽은 여러분은 분명 네트워크 마케팅 사업에 대해 강렬한 확신이 생겼을 것입니다. 마지막으로 네트워크 마케팅 사업의 가치를 다음과 같이 요약하고 끝마칠까 합니다.

"지금은 네트워크 시대이고 이제 네트워크는 부자들만의 특권이 아닙니다. 만약 여러분이 네트워크 마케팅 사업에 뛰어든다면 여러분도 부자들의 특권인 네트워크의 힘을 경험할 수 있습니다. 네트워크를 활용한 자산 구축, 시간 및 경제적 자유, 은퇴, 유산 상속 모두가 가능합니다. 네트워크 마케팅 사업은 행복한 부자가 되는 지름길입니다."

여러분의 성공을 기원합니다.

네트워크 마케팅 유통의 판을 바꾸다

초판 1쇄 발행 | 2015년 11월 25일
개 정 판 발행 | 2022년 8월 18일
출판등록번호 | 제2015-000155호

펴낸곳 | 도서출판 라인
지은이 | 도서출판 라인 경제기획팀

발행인 | 정 유 식
기 획 | 정 유 식, 박 정 욱
디자인 | 안 지 영

잘못된 책은 바꿔드립니다.
가격은 표지 뒷면에 있습니다

ISBN 979-11-87311-32-4

주소 | 서울시 강남구 대치4동 889-5 샹제리제빌딩
전화 | 02-558-1480
메일 | nubiz00@naver.com